U0560287

献给我们最挚爱的黄德伟教授

丝绸之路艺术：龟兹造像

张泽珣　黄君榑　著

浙江大学出版社
·杭州·

序

　　众所周知，丝绸之路不仅是连接亚欧大陆的交通动脉，更是连接人类文明的纽带和东西方文化交流的桥梁。公元前 2 世纪至公元 16 世纪间亚欧大陆诸多文明区域，特别是游牧的草原文明与定居的农耕、绿洲或畜牧文明之间所发生的相互交流和影响，对于促进人类文明发展之贡献是非凡的，其中包括宗教信仰、城市文化、建筑设计、住居方式、商品贸易、民族交流等方面。尤其是佛教文化传播交流所达到的深远程度和佛教艺术所创造出的辉煌完全出乎我们的意料。

　　佛教创立于公元前 6 世纪的古印度，在孔雀王朝（公元前 324—前 185 年）时期得到阿育王的大力支持，发展迅速，并逐步向中亚、西亚和东南亚地区传播。从历史角度来看，佛教之所以能够迅速广泛传播，一是基于贵霜王朝时期完成了佛经从口传到文字记录的一次重大转换；二是亚历山大东征诞生了佛教造像艺术，这在佛教史上是一次伟大的转折。有了佛经文本和佛像崇拜，才真正促成了佛教向世界各地的大传播，而正是因为佛教造像艺术的产生，抽象的佛教思想和理论走向了通俗化和大众化的传播道路。

　　需要特别指出的是，汉传佛教最初传入中国中原，并非直接通过印度，而是沿丝绸之路经由中亚地区从古代新疆塔里木盆地绿洲的龟兹和于阗而来。

　　龟兹地处中亚腹地，北倚天山，南临塔克拉玛干沙漠，位于塔里木盆地北缘，介于古丝绸之路重镇——敦煌与巴米扬之间，不仅是东西方文化交流的荟萃之地和古丝路文明的重要枢纽，也是佛教文化传入中国的首站。其特殊的地理位置决定了龟兹既具有古丝绸之路区域文明的共性，同时又有其自身的文化属性和特点。据《汉书·西域传》记载，龟兹"南与精绝，东与且末，西南与扞弥（今于田县），北与乌孙（今伊犁一带），西与姑墨（今阿克苏）接"，地域非常辽阔，包括现在的库车、拜城、新和、沙雅、阿克苏、乌什等县。在历史上曾一度成为西域政治、经济、文化的中心，遗存文物遗址众多，尤以石窟等佛教文化遗存为最。

关于佛教传入龟兹的时间和早期流行情况，在历史文献中没有明确的记载。但据文献记载，公元3世纪至公元4世纪，龟兹僧侣到内地译经者已不绝于途。如龟兹人白延于曹魏三年（公元258年）到洛阳白马寺译出《无量清净平等觉经》。公元4世纪中叶，已有龟兹佛教的直接资料见诸文献，再如《出三藏记集·比丘尼戒本所出本末序》载："拘夷（龟兹）国寺甚多，修饰至丽。王宫雕镂，立佛形象，与寺无异。" 这里不仅佛寺栉比，僧尼众多，佛教极为兴盛，而且葱岭以东、塔里木盆地边缘诸国的王族妇女都来此受戒学法。

公元5、6世纪，龟兹王国长期处于白姓王族统治之下，社会经济进一步发展，国力强盛。龟兹佛教在王权的保护与提倡下，也获得了更大的发展。至唐玄奘西行去印度取经途经龟兹时，龟兹已是"伽蓝百余所，僧徒五千余人，习学小乘教说一切有部"，"……每岁秋分数十日间，举国僧徒皆来会集，上自君王，下至士庶。捐废俗务，奉持斋戒，受经听法渴日忘疲"。

总之，随着佛教的发展和东传，伴随而来的石窟寺也沿着丝绸之路在龟兹地区发展和兴盛起来。

历史客观事实表明，龟兹石窟是古丝绸之路文明交流的结晶，源自丝绸之路佛教文化的传播交流，始兴于汉代，繁盛于隋唐，印刻着海纳百川、兼收并蓄、一体多元的特点。其表现了从公元3世纪至公元13世纪佛教艺术在龟兹地区的杰出创造和高度成就，是新疆地区现存最早、规模最大、持续时间最长、洞窟类型最齐备、影响广泛的佛教石窟寺遗存。它以独特的洞窟形制和壁画风格，明显揭示出佛教经新疆地区向东传播的历史轨迹，以及在传播过程中所形成的本土化过程。其从不同侧面展示了这一时期内龟兹佛教文化的产生、发展、繁盛和衰落过程，也为特定的历史进程、文化传统、宗教信仰、民族民俗、音乐舞蹈的发展与演变提供了丰富的证据。尤其是壁画的独创性和多样性，成为龟兹造像艺术的突出成就之一，具有历史的和审美的突出普遍价值，曾对新疆以东的河西、陇右、中原及中亚佛教石窟艺术都产生了显著的影响，创造了古丝绸之路东西方文化交流互鉴与融合发展的历史经典。

龟兹石窟泛指古龟兹地区（即今新疆阿克苏地区库车、拜城、新和等市县）大小 27 处佛教石窟遗存的总称，主要分布在龟兹故地的库车市、拜城县、新和县，分布面积达 960 平方公里。其中拜城县保存较为完整的有 3 处：克孜尔石窟、台台尔石窟、温巴什石窟。库车县保存较为完整的有 5 处：库木吐喇石窟、克孜尔尕哈石窟、森木塞姆石窟、玛扎伯哈石窟、阿艾石窟。新和县保存较为完整的有 1 处：托呼拉克艾肯石窟等。遗存 833 个洞窟，近 10000 平方米壁画和部分精美彩绘泥塑。这 9 处保存较为完整的石窟寺先后被国务院公布为全国重点文物保护单位，其中克孜尔石窟、库木吐喇石窟是 1961 年 3 月国务院公布的第一批全国重点文物保护单位；2014 年 6 月克孜尔石窟作为中国最早的佛教石窟被列入"丝绸之路：长安至天山廊道的路网"世界文化遗产名录。

龟兹石窟艺术的表现形式主要体现在石窟建筑、壁画和彩塑三者的有机结合上，这主要取决于石窟艺术特有的宗教功能。龟兹石窟的形成与发展成就，来源于深厚的本土文化底蕴和对外来文化的兼收并蓄与融合。

龟兹石窟按照建筑类型可分为：中心柱窟、大像窟、方形窟、僧房窟、龛窟、异形窟等，这些由不同类型的洞窟单元组合在一起形成一个独立的佛教寺院，这种建筑形式是龟兹的独创。其中，最具特点的是中心柱窟和大像窟。中心柱式的"龟兹型窟"是龟兹石窟形制方面的最大特色和创新。

这种洞窟系在石窟中央凿出一方形柱体，象征着佛塔，主体正面开龛，内置佛像。柱体前面的主室空间较大，顶呈纵券式；前面的前室或前廊多已塌毁无存。柱体另外三面也与外墙壁间形成朝供礼佛左旋的行道。该类型石窟源于印度以塔为中心的"支提窟"，印度最早的塔庙窟诞生于约公元前 2 世纪，塔庙窟礼拜的核心为一座佛塔。在马蹄形的塔庙窟中，洞窟后端放置覆钵形佛塔。信徒礼拜时需穿过长长的通道，向左按顺时针方向绕塔巡礼。

龟兹石窟的设计师和工匠们一方面保留其建筑的原有功能特征，即把佛塔作为礼拜的中心；另一方面，又融合龟兹当地砂岩质地的山体结构特点和中亚游牧民族的丧葬习俗及佛像崇拜兴起的现状，在中心柱上开龛，放置佛像，使其具有了佛塔和佛像崇拜的双重功能，并使中心塔与窟顶相接，又起到支撑柱作用；同时区分出洞窟前后室，形成了印度所没有的中心柱式石窟，也称"龟兹型窟"。该种形制的石窟东传并显著影响了河西地区的敦煌石窟、中原地区的龙门石窟、云冈石窟中早期的洞窟形制。

大像窟也是礼拜用窟。一般无前室，只有主室、后室和中心柱部分。主室一般高达十几米，主室后壁立有大佛像（现均已毁）。大像窟后室宽大，早期和中期都建有涅槃台，涅槃台上塑有佛涅槃像（大部分已毁）。后期开凿的大像窟，形制上有所变化，主室与后室间已无中心柱，而是由立佛的腿部分隔出主、后室。

克孜尔石窟大像窟是丝绸之路沿线同类石窟中现存开凿年代最早的洞窟。以克孜尔47窟为代表的龟兹6处石窟内置有大型立佛，佛像均在10米以上（称为"大像窟"）。这种开凿大像窟并在洞窟内雕塑大佛的传统对新疆以东地区石窟的开凿产生了重大影响，甚至有可能影响了葱岭以西阿富汗巴米扬等地区。

需要特别强调的是，龟兹石窟所依附的山体主要由砂岩或砾岩、泥岩重叠构成，胶结强度低，质地脆弱，严重削弱了龟兹石窟的坚固程度。因此，在造像方面，它不像其他地区以石雕的形式表现，而是保持当地的传统，采用塑绘结合，泥塑造像，以绘画形式表现佛教题材内容。

龟兹石窟的立体造像，主要以彩绘泥塑、木雕、石蕊彩塑等艺术形式来表现佛、菩萨、天人等佛教内容，与石窟建筑和壁画融为一体，烘托出佛教世界清净、庄严、美轮美奂的仰望空间。在艺术表现与风格上以本土和中原彩塑艺术为基础，融合犍陀罗、笈多及萨珊波斯艺术的特点，形成了独特的龟兹彩塑艺术风格。

由于自然和诸多历史因素，目前遗存下来的龟兹石窟塑像非常少，主要是彩绘泥塑，也有少量木雕。如1907年—1914年德国探险队掠走的彩绘泥塑、木雕伎乐和木雕立佛等（这些作品目前藏于德国柏林亚洲艺术博物馆）。1949年后，国内考古工作者在克孜尔石窟、森木塞姆石窟和库木吐喇石窟等石窟寺又陆续发现一些残存的彩绘泥塑，如在克孜尔石窟新1号窟右甬道外侧壁则发现残存的立像，后室发现保存有较为完整的涅槃像，克孜尔石窟196窟和库木吐喇石窟五连洞还遗存有保存较为完整的彩塑造像石蕊。

在壁画艺术表现形式上，龟兹石窟壁画具有装饰性和叙事性两大特色。装饰性：主要是为石窟建筑内部营造出清净庄严、美轮美奂的佛国世界。菱形格装饰构图形式是龟兹的独创，也是龟兹石窟壁画典型的构图形式和重要的艺术成就之一。叙事性：壁画的叙事性是龟兹石窟壁画最主要的功能。按照壁画题材和内容可分为本生故事、因缘故事和佛传故事，以及乐舞、天龙八部、供养人等。以菱格构图的形式表现本生和因缘故事 100 余种，佛传故事 60 多种。其佛教故事画内容之丰富，超过了印度和中国其他地区，见证了公元 3 世纪至公元 9 世纪龟兹作为天山南麓佛教中心的盛况。

中外学者普遍认为，龟兹石窟壁画造像风格直接或间接继承了佛教发源地印度的传统，并从风格学的角度将龟兹石窟壁画划分为三种风格样式，即：印度样式、龟兹样式、汉风样式（敦煌样式）。认为早、中期比较突出，并且明显带有犍陀罗和秣菟罗的造像特征，第一种风格被称为印度样式，这种样式的壁画主要分布在方形窟内，如克孜尔石窟的第 76、81、92、118、207 等窟，以及库木吐喇石窟沟口区的第 23 窟；第二种风格以龟兹本土风格为主体，国内学者称之为龟兹样式，认为它融合了中亚地区多种造像风格，形成了龟兹本土化风格（国外学者称伊朗风格），这种样式的壁画主要分布在龟兹型窟（中心柱窟）内，其中最突出的典型来自主室券顶的菱格画，菱格画的显著特点是装饰感强，尤其是它富于秩序感的近似图案化的四方连续色彩构图，巧妙地将佛教的轮回因缘思想等用视觉图像的方式合理地安排在以须弥山为中心的大千世界中。这种本土化风格的壁画在龟兹各石窟分布非常广泛，占据了龟兹石窟壁画的绝大部分；上述两种风格在克孜尔石窟、森木塞姆石窟和克孜尔尕哈石窟相对比较集中，并表现得非常明显。汉风（敦煌样式）是龟兹壁画中第三种鲜明的风格，主要集中分布在库木吐喇石窟和阿艾石窟；龟兹回鹘时期的绘画风格实际上是龟兹风格与汉风的结合，可以归入第三种样式内，主要分布在库木吐喇石窟。此外，还有个别明显区别于以上三种风格的壁画形式，但数量很少，特征不是很明显。

以上观点和对于龟兹石窟壁画风格的梳理、划分、界定是否准确，是否客观？在这里暂不展开讨论。随着龟兹石窟考古和相关研究不断深入，这个问题一定会迎刃而解。

需要说明的是，"龟兹样式"壁画除了菱格画之外，在人物造型上融合了所谓的第一种风格（犍陀罗、秣菟罗），以及萨珊波斯艺术风格，同时多以本土化特征呈现，壁画中人物体型修长、五官集中，与龟兹地区出土的人体骨骼特征一致。在表现生活劳作、商旅等故事画里，完全采用了龟兹本地人及往返于丝路的商客形象。因佛教艺术的彼岸性，古代画师们塑造壁画人物形象时的想象力和精神品位在"梵我合一"的观念中得到了统一和升华。

综上所述，龟兹石窟受到了来自印度、中亚和中原北方佛教艺术的多重影响，既是古代新疆佛教艺术的典范，又是印度、包括阿富汗巴米扬在内的中亚地区与中原北方石窟的媒介。它以独特的洞窟形制和壁画风格明显揭示出源自印度的佛教沿丝绸之路经由中亚和新疆塔里木盆地绿洲交流传播的轨迹，以及在交流传播过程中的本土化过程。因此，对龟兹石窟艺术的研究并非仅仅是研究龟兹石窟本身，对于破解和研究新疆以东敦煌和中原北方石窟，以及中亚地区包括巴米扬石窟的学术和艺术问题具有极其重要的价值。

然而，近百年来，中外学者关注和研究的视角多在龟兹石窟西来文化的影响方面，对于来自中原地区的影响研究非常少。丝绸之路上的文化交流是双向的，更是客观存在的，这一学术问题亟待更多的学者从不同专业角度进行破解。2016年6月，我与前来考察石窟的张泽珣教授在克孜尔石窟结缘，2016年12月初，我应邀在德国柏林亚洲艺术博物馆考察期间再次与张教授相遇。张教授是中国传统彩塑艺术创作与研究方面的专家和传人，我对她执着的学术精神感到十分敬佩，我们在探讨龟兹石窟造像艺术特征问题时，获悉张教授正在做丝绸之路沿线石窟彩塑艺术发展渊源方面的课题研究，她的思路是聚焦于龟兹石窟造像，希望从中国雕塑艺术发展的脉络中寻找答案。听了张教授的想法后，我顿觉眼前一亮，因为目前对于龟兹石窟彩塑艺术方面的研究基本上是空白；另一方面她的研究课题将龟兹石窟彩塑艺术纳入中国雕塑艺术发展脉络，这是一个全新视野，无疑将为中国雕塑艺术史研究增添新的活力。因此，张教授的课题引发了我浓厚的兴趣。

龟兹石窟在中国石窟寺，乃至于从南亚次大陆、中亚到中国的佛教石窟中有着关键的地位和意义。以龟兹石窟为切入点，探索建立石窟寺考古研究方式、方法框架体系，不仅对于我国内地石窟寺考古，以及佛教美术研究有重要的参考意义，同时对于整个丝路沿线的石窟考古、佛教考古，以及造像艺术研究都具有关键的意义。

值此张泽珣教授与剑桥大学黄君榑博士合著的《丝绸之路艺术——龟兹造像》出版之际，谨以此文代序。

徐永明

2021年10月于克孜尔石窟

目录

导言：龟兹造像

　　2014 年我们在故宫博物院考察清末彩塑藏品时，引申出了探索这类彩塑传统根源的想法，并在尝试从中国雕塑发展的脉络中寻找答案时，将目光放在了早于敦煌石窟约一世纪开凿的龟兹石窟上。龟兹石窟中出土的大量造像，不仅代表了中国雕塑史一个早期且关键的时段，亦因其在学界未得到足够关注，而有着大量未被发掘或尚待研究的部分。2016 年在澳门大学的专项研究资助下，得以在同年 6 月亲赴新疆克孜尔石窟寺作考察，并在龟兹研究院徐永明院长的协助与安排下，实地观摩考察了其中开凿较早的洞窟 47 窟、77 窟、新 1 窟、38 窟、118 窟等。[1] 而由于其中大部分塑像藏在外地，同年 12 月前往德国柏林亚洲艺术馆，并在中亚艺术部负责人毕丽兰博士（Lilla Russell-Smith）的安排下，观摩了藏在馆内出土于克孜尔、库木吐喇石窟寺和图木舒克佛寺等地的藏品。[2]

　　本书的研究正是建立在上述的田野考察之上。其中所收录的塑像作品，总数为 50 尊，主要出土地为克孜尔石窟寺、库木吐喇石窟寺、图木舒克佛寺和托库孜萨莱佛寺、杜勒杜尔阿库尔佛寺、克孜尔朵哈石窟寺、森木塞姆石窟寺，这些作品大部分收藏在国外。[3]

1　澳门大学专项研究项目"新疆龟兹石窟彩塑研究"（项目编号 MYRG2016-00076）的成果之一。在龟兹研究院得到徐永明院长支持，申春老师带领观摩克孜尔、库木吐喇、克孜尔朵哈石窟寺，在龟兹研究院资料室杨波老师的协助下观看大量材料。
2　12 月到达柏林亚洲艺术馆时，正值该馆搬迁新址，毕丽兰博士带我们参观已不开放的馆藏品，允许我们在该馆的图书室翻看相关资料。
3　50 尊造像大部分出土于克孜尔石窟寺，主要收藏在德国柏林亚洲艺术馆、法国吉美国立亚洲艺术博物馆、日本东京国立博物馆、中国新疆龟兹研究院与新疆克孜尔石窟寺新 1 窟。

另在本书中收录的两篇文章，均为此次考察的成果，分别关注两个在研究过程中引起我们注意的问题。张泽珣的文章关注的是多样艺术风格在龟兹的反映，提出以龟兹为中心的方法论，观看各文化艺术模式在当地的交融与影响，并从艺术风格与衣纹形式等视觉文化层面，以塑像为切入点，进一步探讨何谓龟兹样式。黄君博的文章则以克孜尔第 77 窟（塑像群窟）为例，通过宗教视觉性与空间性的角度，思考塑像与窟内空间各部分的关系，其在窟内的位置与功能，以及被观看或使用的方式等。

更多相关的思考与讨论，可在两篇文章中看见。另外，本书也在图录的部分对此次考察的 50 尊造像做了说明，通过它们现存的部位特征，尝试对其身份等进行初步的分析。不过本书不处理这类塑像的年代问题，当中所示的年代均参考前人研究所定。我们在进入上述讨论之前，可先就本书所涉及的造像所出之石窟寺院进行简单的概述。

古代龟兹，西与疏勒接壤，东与焉耆为邻，是连接欧亚大陆各国之间的文化与商贸往来交流的枢纽，位于现在新疆库车、沙雅、新和、拜城和轮台五县及阿克苏市。

龟兹石窟，正是指在上述地区中发现的石窟寺的总称，开凿时间跨度较大，约覆盖从 3 世纪至 9 世纪。当中不仅保存了大量的壁画、题记，亦有着一批塑像。由于龟兹地区的山岩为砂岩构造，石窟寺院中的佛教造像因而主要体现作泥彩塑形式。虽然这类塑像现存非常之少，可无论是对石窟寺院进行实地考察，或从典籍史料中寻找证据，我们都不难发现塑像在当时龟兹之盛行，以及其重要性。如《出三藏记集》记载：

> 拘夷国，寺甚多，修饰至丽。王宫雕镂，立佛形像，与寺无异。有寺名达慕蓝百七十僧，北山寺名致隶蓝五十僧，剑慕王新蓝六十僧，温宿王蓝七十僧。右四寺，佛图舌弥所统。[1]

又如《大唐西域记》记载：

1　《出三藏记集》（T. 55 No. 2145），卷 11，《大正藏》，页 79 c10–c14。

或有斋日照烛光明……大城西门外路左右各有立佛像，高九十余尺。于此像前建五年一大会处。每岁秋分数十日间，举国僧徒皆来会集。[1]

由此可见立佛形象在当时龟兹的流行。现存众多宏伟的大像窟寺建筑遗迹，见证了龟兹佛教石窟寺院曾经的规模，以及其佛教仪式体系。窟内留有的大量凿孔与像台，可看出当时造像规模之庞大。

20世纪初，西方探险队在新疆龟兹进行挖掘时，将大量塑像带出中国。本书所涉及的龟兹石窟寺院塑像，基本上是来自外国探险队的挖掘报告，[2]并可按照石窟寺院分布分作以下四个部分：

1. 克孜尔石窟寺

克孜尔（Kizil）石窟寺位于拜城县克孜尔乡东南7公里的戈壁悬崖下，南临木扎特河谷。克孜尔石窟寺现有编号洞窟345个，是龟兹规模最大、开凿最早的石窟寺。洞窟按山势走向呈东西向，可分为4个区域：谷西区、谷内区、谷东区和后山区。[3]克孜尔遗址的使用和该区域的寺院生活大约开始于3世纪，[4]洞窟形制主要有中心柱窟、大像窟、方形窟、僧房窟和龛窟等。就洞窟造像而言主要是泥塑，大部分已损毁，能够收集考察到的作品主要收藏在国外博物馆。1973年发现的新1窟，是目前克孜尔石窟寺保存在窟内的造像遗迹，十分珍贵。后室涅槃台上保存一躯5.6米长的泥塑彩绘涅槃像，右甬道侧壁像台上还残存两身泥塑立像的腿部，[5]从中反映当时石窟寺内高水平的造像。在本书考察的造像中，大多出土在中心柱窟，表明主要是供养、礼拜和禅修用途。

1　《大唐西域记》（T.51 No.2087）卷1，《大正藏》，页870 b08-b16。
2　1903、1909、1912年，日本大谷光瑞考察队三次来到克孜尔石窟寺，揭取壁画，参见大谷光瑞等著、章莹译：《丝路探险记》（新疆人民出版社，1998），页88-104。1907年，伯希和率探险队在克孜尔石窟考察，参见《伯希和西域探险记》（云南人民出版社，2001），页14-15。1906、1913年，德国探险队在克孜尔考察挖掘，特别是发掘一批塑像，参见《新疆佛教艺术》下（新疆教育出版社，2006），页558-570。1906至1910年，俄罗斯探险队在克孜尔考察。1915年，斯坦因在克孜尔考察。
3　新疆维吾尔自治区文物局编：《新疆佛教遗址》上册（北京：科学出版社，2015），页281.
4　新疆社会科学院宗教研究所编：《新疆宗教》（新疆人民出版社，1989），页31-44。宿白：《克孜尔部分洞窟阶段划分与年代等问题的初步探索·代序》，载《中国石窟·克孜尔石窟》一（北京：文物出版社，1989），页19-20。霍旭东：《关于克孜尔石窟内容总录》，载《克孜尔石窟内容总录》（乌鲁木齐：新疆美术摄影出版社，2000），页264。
5　《新疆佛教遗址》上册，页284。

2. 库木吐喇石窟寺

渭干河从上游经克孜尔石窟寺前流出后，先由东、再由南在雀尔塔格山间蜿蜒流淌，库木吐喇（Kumutula）石窟寺就开凿在河水流出山口东岸、雀尔塔格山的山崖陡壁上。[1] 洞窟由南向北绵延分布有 3 公里之多，按窟所处的位置可分为两个区域，一处是位于渭干河南端东岸的谷口区，另一处是位于渭干河北端东岸的窟群区，编号的洞窟共计 114 个。[2] 20 世纪初，外国探险队分别来到库木吐喇石窟寺考察，挖掘一些塑像。[3] 关于它建造的年代，一般认为在 5-6 世纪。[4] 石窟寺的形制有中心柱窟、大像窟、方形窟、僧房窟和讲堂窟等。是龟兹境内汉人开凿汉僧住持最多的一处石窟，所出泥塑、陶塑、石雕、铜像和木雕种类较全，可惜保存数量非常有限。[5]

本书所涉及的库木吐喇石窟寺造像有三种不同的艺术特征。其一是其在造像风格上模仿克孜尔的龟兹风格。一般研究认为库木吐喇石窟寺的开凿晚于克孜尔石窟寺，从造像风格看似乎也借鉴了其龟兹风格特征。其二是在保留了具有犍陀罗因素的龟兹风格外，亦同时接受了中原风格的影响，更注重彩绘，造像服饰更重彩莲瓣团花和茶花图案等，形成了特殊的艺术风格，融合了褒衣博带样式。其三则完全属于中原风格，这显示在库木吐喇不仅有汉僧住持寺院，而且可能有汉人族群住在这里。大约从 7 世纪开始，汉人在这里按照中原艺术样式建造石窟寺，并绘制壁画和塑造形象。

3. 图木舒克佛寺和托库孜萨莱佛寺

一般来讲图木舒克地面佛寺包括两处佛寺遗址，南面有图木舒克佛寺（Tumschug），北面有托库孜萨莱佛寺（Toqquz-Sarai），图木舒克汉唐时期属于龟兹，有研究认为图木舒克南北遗址无疑便是《新唐书·地理志》引贾耽《皇华四达记》所载郁头州。称："据史德城，龟兹境也"，"郁头"

1　《新疆佛教遗址》下册，页 381.
2　李丽：《库木吐喇石窟概论》，载《库木吐喇石窟内容总录》（北京：文物出版社，2008），页 14.
3　1903、1906、1913 年，德国探险队在库木吐喇石窟寺考察，发掘部分塑像，参见《新疆佛教艺术》下，页 570。1903、1909、1912 年，日本大谷探险队在库木吐喇石窟寺考察，发掘部分塑像，参见《丝路探险记》，页 104-107。1907 年，伯希和来此考察，参见《伯希和西域探险记》，页 146。本书考察的塑像基本来自上述三支探险记。1906、1910 年俄罗斯探险队在库木吐喇石窟寺考察。
4　晁华山：《库木吐喇石窟初探》，载《中国石窟·库木吐喇石窟》（北京：文物出版社，1992），页 175-176。
5　孟凡人：《新疆古代雕塑辑佚》（乌鲁木齐：新疆人民出版社，1987），页 10。

与"尉头"又可视作同名异译，东汉以降尉头一直是龟兹的属国，[1] 在这里讨论的造像约为 3—7 世纪，两处佛寺遗址均在"尉头"，根据史料记载，从东汉至唐，"尉头"属"龟兹"，故本书将图木舒克两处地面佛寺遗址造像纳入龟兹讨论范围。

1906 年，法国伯希和（Paul Eugène Pelliot）的西域科考队，对图木舒克遗址进行小规模的挖掘，出土了一批雕塑。[2]1913 年，德国探险队勒柯克（Albert von Le Coq）再次挖掘了该遗址，出土了一批雕塑。[3] 学者一般认为佛寺建造在 3—5 世纪。[4]

根据考古报告，图木舒克遗址包括东、中、西三处佛寺遗址。中寺沿山势有上、中、下三处房址，[5] 西寺遗址有"像殿""塔院""犍陀罗寺"，留有许多的像台，[6] 说明当时有较大规模的塑像。东寺遗址南面有"佛堂""台座寺"，保留许多像台。[7] 本书讨论的造像基本上是德国探险队在图木舒克佛寺遗址挖掘的。托库孜萨莱佛寺是一座由塔院、僧房构成的大型佛寺，伯希和在此挖掘大量塑像，并发掘出一些祭坛。[8] 这些考古材料显示托库孜萨莱佛寺遗址的古老。[9]

4. 其他

这一部分的造像来自杜勒杜尔 - 阿库尔佛寺（Douldour-Aqour）、克

1　余太山：《汉晋正史〈西域传〉所见西域地望》，载《欧亚学刊》二（2000），页 56。见该文注 117 引荣新江文。

2　〔法〕伯希和著，耿升译：《伯希和西域探险记》（云南：云南人民出版社，2001），页 140-204。见 Hambis L. (editor). *Mission Paul Pelliot Ⅱ：Toumchouq(texte)*. Paris：College De France，1964.

3　Le Coq, A. von und E. Waldschmidt. *Die Buddhistische Spätantike in Mittelasien*. 7 vols. Berlin：Verlag Dietrich Reimer，1922-1933. Vol. 1：*Die Plastik*，p. 21.［德］勒柯克著，齐树仁译：《中国新疆的土地和人民》（北京：中华书局，2008），页 121-128。

4　衣服平整地披在肩上并显示出它的体态，我们想归入 2-3 世纪里几个建筑物的塑像，可能是后印度佛像表现一般形式的典范。《中国新疆的土地和人民》，页 123-124。林立：《西域古佛寺 - 新疆古代地面佛寺研究》（北京：科学出版社，2018），页 11，24-29。

5　《新疆佛教遗址》上册，页 200。

6　《西域古佛寺——新疆古代地面佛寺研究》，页 15-16。

7　《西域古佛寺——新疆古代地面佛寺研究》，页 17-18。

8　《伯希和西域探险记》，页 177-208。伯希和《新疆佛教遗址》上册，页 208。

9　伯希和在托库孜萨莱遗址挖掘大量泥塑，这些作品代表着托库孜萨莱佛寺的高水平，现在收藏在法国吉美博物馆。其中一部分作品在林树中编《海外藏中国历代雕塑》书中发表，故本书未作讨论，这些作品残损，大部只留下头部，重要的是该寺院佛教造像风格与克孜尔石窟寺造像风格很不一样，两者都有来自犍陀罗艺术样式，各自又保留其地域特色。

孜尔朵哈石窟寺（Qyzyl Qargha）、森木塞姆石窟寺（Samussem）。

杜勒杜尔－阿库尔佛寺遗址（夏合吐尔佛寺遗址），学者认为此遗址为玄奘所记的阿奢理贰伽蓝，建造于公元 3-5 世纪。[1] 也有研究认为乌什吐尔与夏合吐尔遗址与玄奘所记阿奢理贰寺的位置相当，它们原本是一座寺院的两个部分。[2]《大唐西域记》记载，"庭宇显敞，佛像工饰"。[3] 1903 年，日本大谷探险队在夏合吐尔遗址和乌什吐尔遗址进行了调查和挖掘。[4] 1907 年，伯希和对杜勒杜尔－阿库尔佛寺遗址做了系统发掘，出土了大量的佛教造像。遗址由佛堂、讲堂、禅室、藏景堂、僧房、窣堵坡等围绕。[5] 本书分析的两尊造像来自伯希和当年的挖掘报告。

克孜尔朵哈石窟寺与克孜尔朵哈烽燧隔道相望，地理位置十分重要。现存的 64 座洞窟囊括了龟兹所有洞窟类型，形成了若干典型的洞窟组合，而这些洞窟组合分属三个不同的区块。[6] 分布在山谷的东、西、北的三面崖壁上，洞窟形制主要有中心柱窟、大像窟、方形窟、僧房窟等。1906 年和 1913 年，德国探险队在克孜尔朵哈石窟寺进行考察。[7] 1907 年，伯希和在克孜尔朵哈石窟寺考察，他曾发掘了造像，发表在 Mission Paul Pelliot, vol. Ⅷ: *Sites divers de la region de koutcha*。[8] 本书分析的供养人造像就是来自库车地区不同遗址的报告。关于年代分期，学界有不同看法，建造年代最早大约在公元 3-6 世纪。[9]

根据《新疆佛教遗址》记录：森木塞姆石窟寺院建造大致可分为三个时

1　对于年代分期，学界有不同看法，参见林立《西域古佛寺——新疆古代地面佛寺研究》，页 43-46。

2　《新疆佛教遗址》下册，页 411。

3　《大唐西域记》（ T. 51 No. 2087 ）卷 1，《大正藏》，页 870 b22-b23。

4　〔日〕上原芳太郎编：《新西域记》上卷（东京，有光社，1936），页 330-338。

5　伯希和 1907 年 1 月到达杜勒杜尔－阿库尔，同年 9 月底离开，这一考察勘测是受唐玄奘于公元 630 年经过龟兹国时所作的游记之指导，位于一条河（木扎提河、渭干河）西部的杜勒杜尔－阿库尔建筑大寺。《伯希和西域探险记》，页 223，225-241。

6　何恩之、魏正中著，王倩译：《龟兹寻幽——考古重建与视觉再现》（上海：古籍出版社，2017），页 7。

7　1906、1913 年德国探险队到克孜尔朵哈遗址，并揭取少量的壁画。

8　Mission Paul Pelliot. *Documents conservés au Musée Guimet et à la bibliothèque nationale (documents archéologiques)*.Vol. Ⅷ :*Sites divers de la region de koutcha(épigraphe koutchéenne)*.Edited by Chao Huashan,Monique Maillard,Simone Gaulier and Georges Pinault. Paris:1987. 433.

9　参见新疆龟兹研究所编：《克孜尔朵哈石窟内容总目》（北京：文物出版社，2009），页 19。

期：早期为公元 4-5 世纪；中期为公元 6-7 世纪；晚期为公元 8 世纪以降。[1]森木塞姆石窟寺与著名的苏巴什佛寺距离最近，从地理位置看它连接苏巴什、克孜尔朵哈、库木吐喇等遗址。森木塞姆遗址分为东、南、西、北、中五个区，编号洞窟 57 个，中区中央为一地面寺院遗址。[2] 洞窟形制主要有大像窟、中心柱窟、方形窟和僧房窟等，从考古报告看，此处是保存比较好的遗址，石窟寺院布局也很特别。对森木塞姆石窟寺院的考察始于 20 世纪初，[3]1994 年新疆龟兹研究所（现新疆龟兹研究院）对森木塞姆石窟寺进行清理发掘，发现彩绘泥塑。[4] 本书分析的作品现藏于龟兹研究院。

　　我们最后还要提出本书是目前关于龟兹造像比较系统的研究。当然尚有很多未能收录的塑像作品，散落在国外的博物馆中，遂至少希望能借此次研究抛砖引玉，引发更多研究者关注这批塑像。另外我们也期许本书能进一步证明龟兹造像乃至于龟兹作为佛教艺术枢纽不可替代的地位，并为佛教造像艺术作为中国雕塑史与宗教史一部分，开拓更深广的研究诠释空间。

1　《新疆佛教遗址》上册，页 337-350。
2　《新疆佛教遗址》上册，页 335。
3　1906 年 5 月 15-19 日格伦威德尔在森木塞姆停留 4 天，此后发表了六座洞窟考察的笔记，见《新疆古佛寺》，页 322-339。1913-1914 年勒柯克在森木塞姆考察，见 [德] 勒柯克著，齐树仁译：《中国的新疆土地和人民》（北京：中华书局，2008），页 91-96。1928-1919 年中国学者黄文弼在塔里木盆地考察记录，见《塔里木盆地考古记》（北京：科学出版社，1958），页 27-28。
4　吴丽红：《新疆龟兹研究院藏彩绘泥塑的初步整理与认识》，载《龟兹研究》02（2015），页 88-101。

古代龟兹佛教造像的外来文化影响研究 [1]

张泽珣

前言

古代龟兹是西域大国，位于丝绸之路北道，联系着欧亚大陆各国之间的文化与商业往来，也是佛教与佛教艺术传播的重要枢纽。关于龟兹佛教艺术的研究，多仍关注于其中的大量壁画，而那些保留至今却数量较少的造像，则没那么被重视。学界对龟兹佛教造像的研究，主要源自对石窟寺院的考察。俞浩在其《西域考古录》中收录了谢济世所著的《戒幕随笔》，其中记载 18世纪 30 年代，谢济世在巡视库车一带时对库木吐喇石窟的记载。[2] 1902-1914年期间，德国普鲁士皇家吐鲁番探险队在龟兹进行考察活动，他们的工作奠定了我们研究龟兹石窟寺院的基础，特别是对龟兹佛教雕塑的考察整理。[3] 随

1　这里所谓外来文化影响，是将龟兹作为一个中间地，不单指由西方输入并影响龟兹，也包含东来的中原汉文化艺术输入并影响龟兹。

2　[清] 谢济世在《戒幕随笔》记载："丁谷山千佛洞白衣洞，即唐书所谓阿羯田山……白衣洞有奇像十余，削落不可识，洞高广如夏屋，屋隅有泉流出。洞中石壁上镌白衣大士像，相好端正，衣带当风，如吴道子笔。"[清] 俞浩《西域考古录》，收入《中国边疆丛书》第二辑（台北：影印本，1966）。见晁华山《库木吐喇石窟初探》（注释一），载《中国石窟—库木吐喇石窟》（北京：文物出版社，1992），页 173。

3　Le Coq, A.V. und Waldschmidt, E. *Die Buddhistische Spätantike in Mittelasien*, I-Ⅶ. (Graz, 1973-1975). [德] 阿尔伯特·冯·勒柯克、恩斯特·瓦尔德施密特著，巫新华译：《新疆佛教艺术》上下卷（新疆：新疆教育出版社，2006）。勒柯克在其七卷本的书中，在第一卷专门讨论中亚与新疆佛教雕塑。

后也引起了日本、俄国、法国和英国的注意，各国开始对龟兹进行考察活动。[1]20世纪初，黄文弼作为中国和瑞典联合组织的西北科学考察团的成员，对新疆石窟进行考古研究，其研究成果最终汇编成《塔里木盆地考古记》。[2]随后中国学者自20世纪40年代开始多次对新疆石窟进行调查与考古断代，并着重关注这类洞窟的形制、绘画形式和风格研究。[3]20世纪初，西方考察队在龟兹进行挖掘，并带走了相当一部分原属石窟寺院的造像。这些流失海外的作品，未得到学界足够的关注与研究，然而作为龟兹石窟寺院重要的组成部分，却很值得我们进行深入与系统的探讨。[4]本书认为这批造像，不仅关系到佛教艺术在龟兹接受与转化的过程，更构成了龟兹独有的风格体系。

如果将中国石窟造像置于中亚佛教史的脉络中，并对其造型、图像、主题内容等进行比较研究的话，我们就能进一步发现龟兹造像的艺术形式与风格，是如何通过古代丝绸之路的往来交流而相互吸收并转化的。本书以新疆古代龟兹石窟寺院佛教造像为研究材料，从考古、文献和图像发掘信息，考察3世纪至7世纪间，龟兹作为丝绸之路上的文化枢纽受到了怎样的外来佛教文化艺术的影响。一方面，龟兹寺院造像受到犍陀罗佛教艺术以及波斯文化的影响，在接受与转化的过程中，逐渐形成了独有的"龟兹风格"。另一方面，龟兹寺院造像亦深受中原汉文化艺术的影响，并在逐渐吸收汉地佛教造像风格与表现技法的过程中，形成了带有中原造像形态的"龟兹样式"。我们也注意到在6世纪后，龟兹佛教艺术风格与中原佛教艺术风格在该地区平行发展，佛教艺术不再受限于特定文化或艺术表现的传统，具有更广泛的亚洲普遍性。

1　1903年4月，日本渡边哲信来到库木吐喇，挖掘古写本和塑像，在夏合吐尔挖掘残文书，上原芳太郎编：《新西域记》上下卷（东京：有光社，1936）。1906-1908年，法国伯希和主要挖掘图木舒克佛寺遗址和托库孜萨拉依佛寺遗址、夏合吐尔佛寺遗址与苏巴什寺遗址。见 Paul Pelliot, *Koutcha, Ⅲ, Planches, Douldour-Âqour et Soubachi* (Paris, 1967). Ⅳ, Texte, 1982.

2　黄文弼：《塔里木盆地考古记》（北京：科学出版社，1958）。在第二部分——泥塑及陶范，主要是1928年在焉耆佛寺遗址挖掘的塑像及陶范。

3　韩乐然：《新疆文化宝库之新发现——古高昌龟兹艺术探古记》刊载于阎文儒《新疆天山以南的石窟》，载《文物》7-8（1962），页41-59；武伯伦：《新疆天山以南的文物调查，载《文物参考资料》10（1954），页74-88；北京大学考古系、克孜尔千佛洞文物保管所编：《新疆克孜尔石窟考古报告》（北京：文物出版社，1997）。新疆维吾尔自治区文物管理委员会、拜城县克孜尔千佛洞文物保管所、北京大学考古系编：《中国石窟·克孜尔石窟》三（北京：文物出版社，1997）。

4　林树中：《海外藏中国历代雕塑》（南昌：江西美术出版社，2006）。收录海外博物馆藏龟兹雕塑。王征：《龟兹石窟塑像》，载《美术》4（2005），页112-115。

一、龟兹石窟寺院

从今天的地域来看，龟兹大致包括新疆的库车、沙雅、新和、拜城、轮台五县和阿克苏市。位于新疆天山以南"丝绸之路"北道的中心地区，西与疏勒接壤，东与焉耆为邻，是连接欧亚商贸往来和文化交流的枢纽。公元前119年，张骞第二次出使西域，并派遣副使到达大宛、康居，及大夏地方的大月氏贵霜帝国，与商业繁荣、交通发达的贵霜首都（今白沙瓦）接通。此后，汉朝派出的使者还到达过安息（波斯）、身毒（印度）、奄蔡（在咸海与里海间）、条支（安息属国）、犁轩（附属大秦的埃及亚历山大城）。安息等国的使者也不间断地到访长安并贸易，建立起汉代与西域之间的往来。据《后汉书》记载，东汉和帝永元三年（公元91年），班超破月氏，废龟兹王尤多利，立龟兹侍子白霸为王，[1] 在龟兹设立都护府。此后，龟兹的区域领土逐渐扩大，据《魏书》记载，姑墨国（今阿克苏）、温宿国、尉头国（今乌什）属龟兹。[2] 巴楚东北的图木舒克（Tumshuq）遗址，是《新唐书·地理志七下》引贾耽《皇华四达记》所载郁头州，称："据史德城，龟兹境也。""郁头"与"尉头"又可视作同名异译，东汉以降，尉头一直是龟兹的属国，[3] 图木舒克两处佛寺遗址就在古尉头国。唐朝设安西大都护府于龟兹，设四镇为龟兹、于阗、疏勒和碎叶。有关汉代佛法之流布情况，汤用彤先生提出：

> 盖在西汉文景帝时，佛法早已盛行于印度西北。其教继向中亚传播，自意中事。约在文帝时，月氏族为匈奴所迫，自中国之西北，向西迁徙。至武帝时已臣服在大夏……[4]

起源于印度的佛教，经过大夏（大月支）传入中国。大约在公元1世纪前后龟兹与佛教接触，并不断有身为龟兹王族的僧侣、居士外出传译经典。龟兹人白延于曹魏甘露三年（公元258年）到洛阳白马寺译《无量清净平等觉经》。公元3世纪至4世纪，龟兹境内建造了众多佛教石窟寺院，造像正

1　季羡林:《佛教传入龟兹和焉耆的道路及时间》，载《龟兹文化研究》二（新疆：新疆人民出版社，2006），页84。
2　[北齐]魏收撰:《魏书》卷一百二（北京：中华书局，1974），页2267。
3　余太山:《汉晋正史〈西域传〉所见西域地望》，载《欧亚学刊》二（2000），页56。
4　汤用彤:《汉魏两晋南北朝佛教史》第四章（北京：北京大学出版社，1997），页33-34。

是在这一时期开始发展。从出土的材料看，3 世纪中叶龟兹佛教艺术已相当
成熟。南朝梁僧祐《出三藏记集》所收《比丘尼戒本所出本末序第十》载：

　　拘夷国，寺甚多，修饰至丽。王宫雕镂，立佛形象，与寺无异。
有寺名达慕蓝百七十僧，北山寺名致隶蓝五十僧，剑慕王新蓝六十僧，
温宿王蓝七十僧。右四寺佛图舌弥所统。[1]

　　这里的拘夷国指的是古龟兹国，当地佛教寺院与僧尼数量繁多，寺院的
修建和装饰亦非常华丽，国王宫殿的雕刻、设立的佛像，与寺院没有什么差别。
佛图舌弥为小乘学者，统领四佛寺，也可看出龟兹流行小乘佛教。王室贵族
和普通民众参与的佛教节日与庆典相当繁多，至于隆重的五年一次大集会，
则在耸立着近 30 米高的大佛像的都城西门外布置专门场地。[2] 我们从克孜尔
石窟寺的规模，以及著名的苏巴什遗址现存的大窣堵坡和大像窟遗迹，均可
看出当年的繁华。《大唐西域记》卷一记载，唐贞观年间，玄奘求法西行途
经龟兹时：

　　屈支国，东西千余里，南北六百余里。国大都城，周十七八里。
宜穈、麦，有粳稻，出葡萄、石榴，多梨、柰、桃、杏。土产黄金、铜、
铁、铅、锡。气序和，风俗质。文字取则印度，粗有改变。管弦伎乐，
特善诸国，服饰锦氎，断发巾帽。货用金钱、银钱、小铜钱。王屈支
种也，智谋寡昧，迫于强臣。其俗生子以木押头，欲其匾遍也。伽蓝
百余所，僧徒五千余人，习学小乘教说一切有部。经教律仪，取则印度。
其习读者，即本文矣。尚拘渐教，食杂三净。洁清耽玩，人以功竞。[3]

　　玄奘讲的屈支国即古龟兹国，当地富足，寺院百余所，僧徒五千人，流
行小乘学说。这是汉唐时期龟兹的记载，揭示龟兹佛教演变的情况。"王宫雕镂，
立佛形象"，显示龟兹佛教造像的盛行，以及王室贵族对佛教的信奉和重视。
从考古的遗迹看，龟兹众多寺院所保留的造像多是以彩塑创作，作品包含各

1　《出三藏记集》(T. 55 No. 2145)，卷 11，《大正藏》，页 79 c10−c14。
2　何恩之、魏正中：《龟兹寻幽——考古重建与视觉再现》(上海：古籍出版社，2017)，页 3。
3　《大唐西域记》(T. 51 No. 2087)，卷 1，《大正藏》，页 870 a17−a27。

类佛像、菩萨像、天部像、罗汉像及供养人像等，塑造时依不同对象，分别以圆雕、浮雕表现。先以木或芦苇扎成人体骨架，再施糙泥或麻布，后用细泥雕塑，最后用点、染、描、勾勒、贴金等技法，并随类赋彩地装銮。

龟兹石窟寺院是指龟兹境内所遗留的佛教石窟寺群和地面寺院，考古挖掘遗址石窟寺 21 处，佛寺遗址 21 处（包括巴楚地区的图木舒克南北遗址）。比较集中的石窟群克孜尔、库木吐喇、森母赛姆、克孜尔尕哈、玛扎伯哈、托乎拉克艾肯、温巴什、台台尔、阿爱石窟等，地面佛寺杜勒杜尔－阿库尔（夏合吐尔）、苏巴什等。这些石窟寺院的壁画和造像，直接或间接地吸收了犍陀罗文化、波斯文化和中原汉文化。在唐代管辖龟兹的 100 多年间，大批汉族官兵、民众和僧人移居龟兹，带来中原文化和汉化佛教。唐代僧人慧超在《往五天竺国传》记录了盛唐时期龟兹的佛教情况："龟兹国，足寺足僧，行小乘法，吃肉及葱韭等也，汉僧行大乘法。"[1] 从这个记载看，安西都护府时期，龟兹本地的小乘佛教与汉地的大乘佛教是并存发展的。

二、龟兹石窟寺院造像探讨

龟兹石窟寺院造像如同它的壁画一样呈现多样的艺术形式，玄奘在《大唐西域记》记载：

> 荒城北四十余里，接山阿，隔一河水，有二伽蓝，同名照怙厘，而东西随称。佛像庄饰，殆越人工，僧徒清斋，诚为勤励。东照怙釐佛堂中有玉石，面广二尺余，色带黄白，状如海蛤。其上有佛足履之迹，长尺有八寸，广余六寸矣。或有斋日照烛光明……大城西门外路左右各有立佛像，高九十余尺。于此像前建五年一大会处。每岁秋分数十日间，举国僧徒皆来会集。[2]

学术界一般认为玄奘提的照怙厘二伽蓝就是苏巴什佛寺遗址，也是文献

1　[唐] 慧超著，张毅笺释：《往五天竺国传笺释》（北京：中华书局，2000），页 159。
2　《大唐西域记》（T. 51 No. 2087）卷 1，《大正藏》，页 870 b08–b16。

记载中的雀离大清净、雀梨大寺。[1] 从这个记载可知龟兹石窟寺院建造佛像的盛行及宏伟，建造大立佛像，在像前隆重举行五年一次的大集会。从考古材料看，龟兹造像已形成比较成熟的制作方式，雕塑工匠们因地取材为塑像积累了经验，形成"龟兹模式"。它在接受犍陀罗佛教艺术样式、波斯文化样式及中原佛教艺术样式的过程中，表现出了丰富的地域特征。

1. 龟兹石窟寺院造像与犍陀罗佛教艺术

佛教艺术作为域外输入的文化，其最初阶段是在"模仿"的情形下被逐渐接受的。而犍陀罗雕刻作为希腊罗马艺术的一个支派，遵循了后者以人物形象来表达众神的方式，用模仿阿波罗传统形象的人像来塑造佛陀。[2] 本书考察的 50 件作品中，大部分塑像是残缺不完整的，但仍可看出当时的佛教造像是受到犍陀罗希腊化艺术的影响。从发式造型、头冠样式、服饰装束都显示犍陀罗佛教艺术因素。

古时犍陀罗包括印度河东西两部分，早期为波斯阿黑门尼德王朝的一部分，今以巴基斯坦白沙瓦为中心的地区。公元前 4 世纪，随着亚历山大大帝东征并占领了犍陀罗地区，古希腊罗马的文化艺术亦开始输入其中。这之后它被孔雀王朝征服，它的第三代君主阿育王是佛教的信奉者，佛教便开始传入这一地区。一个世纪之后西方又重新拥有了它，约公元前 2 世纪，希腊君主们取代了印度，成为了犍陀罗地区的统治者。在公元前 1 世纪早期，赛克人或斯基泰人占领该地区，一个世纪后安息和贵霜又接踵而来。[3] 而后很长的一段时期内，外来占领者不断出现，所以，犍陀罗的文化表现出印度和希腊文化的融合。另外在印度与中国的古文献里，亦有关于彼此的记载，揭示出当时古龟兹国与古代印度之间的交往，是以西域古丝绸之路为桥梁达成的。[4]显示中亚的交流在很早前就已发生，而在佛教与佛教艺术传入龟兹时，这种影响则直接反映在佛教艺术中。在龟兹石窟寺院早期佛教造像中，无论是佛

1　边度哲信：《西域旅行日记》，载上原芳太郎编《新西域记》上卷（东京：有光社，1937），页342-343；伯希和著、耿昇译：《伯希和西域探险日记》（北京：中国藏学出版社，2008），页230-238；冉万里编著：《新疆库车苏巴什佛寺遗址石窟调查报告》（上海：古籍出版社，2020），页3。

2　Charles Eliot. *Hinduism & Buddhism : An Historical Sketch*（London : Routledge & Kegan Paul, 1962），vol. 1, xxxi（6. New Forms of Buddhism）.

3　Sir John Marshall. *Buddhist Art of Gandhara*（Cambridge, 1960），p. 1.

4　季羨林：《〈中印文化关系史论丛〉序》，载《中印文化关系史论文集》（北京：三联，1982），页113-114。

的形象或是菩萨的形象都有来自犍陀罗艺术的样式，尤其体现在佛与菩萨的波浪式发型、束发式发型和释迦涅槃图像上。在犍陀罗艺术中，菩萨的发型多为束发式和发髻式样式，半月形的饰物将头发扎起，标志着这一地区菩萨的发型特征——头顶有绞环式花冠，束发穿过饰物垂下。如克孜尔石窟寺77窟出土的菩萨像（图I.14），一个大莲花瓣的饰物将头发扎起，束发穿过饰物垂下，形成半月形的装饰。另一类型的菩萨像是束发卷起，从右侧穿过莲花瓣的饰物垂下，在右侧形成一个半月形装饰（图I.01、I.13）。在塔克西拉博物馆收藏的弥勒菩萨像的发式，束发卷起，一端作环状，另一端披垂下来。我们可以看出龟兹菩萨造像的发式是受到犍陀罗弥勒菩萨像的影响。有研究者认为，犍陀罗弥勒菩萨束发的形式也许来源于希腊、罗马，似阿波罗（Apollo）和阿芙洛狄忒（Aphrodite）雕像上那样的束发。[1] 这表示佛教在有形象的初期是受到希腊艺术的影响。另一种形象的表现可能是来自佛教经典，菩萨眉间白毫相，唇上胡须如蝌蚪形。《佛说观佛三昧海经·序观地品第二》，佛告诫众生，其在涅槃后诸弟子应修三法，其一者诵经、二者持戒、三者系念：

> 或有欲系心观佛眉间白毫相者。或有欲系心观佛眉者。或有欲系心观佛牛王眼相者。或有欲系心观佛修直鼻相者。或有欲系心观佛鹰王嘴相者。自有众生乐观如来髭鬓如蝌斗形流出光明者。[2]

在犍陀罗佛教造像中，胡髭成为佛与菩萨的特征之一。这一共通特征可能是考虑到菩萨为觉悟前的佛，源于释迦的王子身份。[3] 这类菩萨造像，是以释迦出家前的太子形象为基础塑造的，其胡髭也多呈现作浮雕立体感。而在龟兹的菩萨造像中蝌蚪形的胡须以墨线勾勒，它呈现一种东方艺术表达的韵味，龟兹佛教造像在接受犍陀罗佛教美术时，仍保留着龟兹本土的人文特征，包括人物相貌、眼睛传递的神韵。

考察释迦涅槃图像，犍陀罗涅槃图像的出现，是基于犍陀罗对故事图像的执着与热爱，同时也受到了从希腊、罗马有关葬礼图像的影响。[4] 这一视觉

1　宫治昭著，李萍、张清涛译：《涅槃和弥勒的图像学》（北京：文物出版社，2009），页26（注5）。
2　《佛说观佛三昧海经》（T. 15 No. 0643），《大正藏》，页647 a07–a11。
3　王镛：《印度美术》（北京：中国人民大学出版社，2010），页87。
4　宫治昭著：《涅盘和弥勒的图像学》，页94。

表现形式，提供给犍陀罗刻画释迦涅槃的灵感，以一种安静沉着的姿态来表达佛教理想中的涅槃体现。在希腊、罗马葬礼图像中，逝者多以卧姿躺着，头朝向左方，手的姿势比较随意，其呈现的正是一种自然安详的休息状态。而犍陀罗的释迦涅槃图像，头枕寝台的右边，右手在头枕下，右胁侧卧在下，双足相叠。一方面，我们看到犍陀罗释迦涅槃故事图的发展是由希腊、罗马葬礼图像而来。另一方面，犍陀罗释迦涅槃图像是根据佛典的记载来创作的，法显译《大般涅槃经》卷中记载佛陀："右胁着床，累足而卧。"[1]像头朝北侧卧，象征着世界中心的宇宙山，暗示着涅槃的永恒。克孜尔 47 窟、77 窟后室还存有大涅槃台遗迹，台上的塑像已毁，我们无从辨别当时塑像的姿态，克孜尔新 1 窟是仅存释迦涅槃大像实物的窟。新 1 窟是一个中心柱的礼拜窟，分前室、主室和后室，东、西甬道外侧壁下有像台基，延伸至后室的涅槃台前，推测两侧台基上各有二或三尊塑像。后室较窄，后壁下设涅槃台，台上卧有一躯 5.3 米的释迦涅槃像（图I.28），像头朝北，右胁而卧，右手垫在脸与枕之间，双足相叠，袈裟紧裹身躯，襞褶紧紧贴身。这样的样式不仅在石窟塑像上有所体现，亦可在龟兹石窟壁画中看到，尤其是常出现在后室后壁上的释迦涅槃壁画中。释迦侧卧是依经典右胁向下，累足而卧的姿态，显示释迦涅槃样式与经典传承的紧密结合。头朝北即朝向作为世界中心的宇宙轴的须弥山方向，暗示着涅槃永恒。[2]像头朝北，右胁而卧的姿态已成为犍陀罗释迦涅槃图的重要特征，克孜尔石窟释迦涅槃图像，在接受犍陀罗佛教涅槃图像这一特征的同时，更重要的是依据佛教经典严格按照佛教仪轨来创作的。

2. 龟兹石窟寺院中有关波斯文化的影响

在龟兹石窟寺院的壁画中，可见大量的供养人图像。比较著名的有克孜尔、克孜尔朵哈、库木吐喇石窟等。根据考察，供养人像的类型大致可分作王室贵族、比丘僧尼、世俗供养人等。在本书考察的 50 尊造像中，有 5 尊是供养人像，说明龟兹石窟寺院不仅在壁画中描绘供养人，而且也塑造供养人像。一尊收藏在柏林亚洲艺术馆的供养人立像（图I.29），贴身衣衫外穿一件过膝的赭红色带百花的大衣，双领开襟，露出内衣，双领和开襟的前摆镶白边。腰间系一条圆环花形的腰带，右手握一物已损坏，推测是一把短剑。悬在腰

1 《大般涅槃经》（T. 01 No. 0007），《大正藏》，页 199 a13–a14。
2 宫治昭著：《涅槃和弥勒的图像学》，页 98。

前的一个扇形物，应该是剑鞘尾端。此像发型中分，梳向两侧垂肩的短发。面相圆润，面带微笑，左手举起。从他的装束看，这尊立像很可能是一位王室贵族。在王侯中，贴身的衣衫外面多会罩以过膝的大衣，腰间系有圆环相连的腰带，别有鞘尾呈扇状展开的短剑。[1] 在龟兹男性梳齐肩的短发，是当时主要的发型特征。《晋书·西戎》记载龟兹国："男女皆剪发垂项"[2]。克孜尔朵哈出土的一尊男性供养人头像（图Ⅳ.03）就是短发垂项，这尊塑像面相饱满而年轻，眼睛平视前方，虽然面部有些脱落，仍可看出面部施白底色。眉毛和眼线以墨色勾勒，薄薄的嘴唇，嘴角略带微笑。发型中分，梳向两侧垂肩。这个形象可能来自当时某供养人的样貌，并与克孜尔朵哈第14窟壁画中供养人像属同一种风格。而此壁画中的供养人是被地神托举，服饰华丽，说明建造石窟的供养人很可能是王室贵族。

　　玄奘《大唐西域记》记载："上自君王，下至士庶，捐废俗务，奉持斋戒，受经听法，渴日忘疲。"[3] 在克孜尔石窟寺第8窟南甬道内壁的壁画，有一组4人龟兹供养人像和一位跪地的侍从。重要的是这两组石窟供养人的发型样式也与这尊塑像一样，说明当时龟兹该地的男性梳齐肩短发。这亦与玄奘在《大唐西域记》中的记载相符："屈支国……服饰锦褐，断发巾帽。"[4] 可见相当长的一段时期，龟兹人流行齐肩的短发。而其有可能是受到波斯习俗的影响，[5]《魏书·波斯传》记载："其俗：丈夫剪发，戴白皮帽，贯头衫，两厢近下开之，亦有巾帔，缘以织成。"[6]

　　这个记载是波斯人的风俗，男性剪短发。龟兹人流行齐肩的短发，可能与公元1世纪波斯的商人和工匠东来，在塔里木盆地定居有关。公元前331年，希腊人亚历山大东征，波斯帝国灭亡，波斯人逃离家乡来到塔里木盆地定居下来，并将其原本的生活方式与信仰文化带到了龟兹。公元前2世纪，张骞出使西域时，安息为西亚大国，统领伊朗高原及两河流域。公元前1世纪至公元2世纪，安息是罗马帝国与中国贸易交通的必经之地。这一时期，波斯

1　中川原育子、彭杰译：《关于龟兹供养人像的考察上》，载《新疆师范大学学报》1（2009），页101。
2　[唐]房玄龄等：《晋书》卷97，（北京：中华书局，1974），页2543。
3　《大唐西域记》（T.51 No.2087）卷1，《大正藏》，页870 b16-b18。
4　《大唐西域记》（T.51 No.2087）卷1，《大正藏》，页870 a21。
5　原田淑人：《西域绘画所见服装的研究》，载《美术研究》1（1958），页107。
6　[北齐]魏收撰：《魏书·波斯传》卷一百二（北京：中华书局，1974），页2271。

的商人和工匠纷纷东来经商做生意，进入塔里木盆地定居下来，又一次提供波斯文化与龟兹文化接触。亦有部分学者认为古代塔里木盆地边缘诸国住有大量的伊朗人，有些甚至认为那里曾为伊朗人的新居住地。[1]

龟兹石窟的供养人形象是源于波斯文化的传统，在克孜尔石窟寺 207 窟（画家窟）保留着当时画家的自画像。艾伯特·格伦威德尔（Albert Grünwedel）在 1905–1907 年在新疆的考察报告中这样描述："四位画师，每个人大约 76 厘米……令人注目的是这些人物，至少有两个人身上那种埃及人的姿态，有着叙利亚、波斯人表情的面部。"[2] 我们不难想象 3 世纪至 5 世纪时期的龟兹居民，有部分是信奉佛教，并且沿袭了波斯文化传统的群体。

在龟兹石窟寺中，有一种窟型为中心柱窟。中心柱上接窟顶，正壁凿龛，龛内雕有佛像，中心柱左、右开甬道通向后室。这种支提窟的建筑形式可能由于山体和石质的因素，不易建成窣堵坡的形式，而是用中心柱支提窟的建筑形式方便信众做布萨活动。在举行"布萨会"的时候，佛教徒们执香向佛像顶礼，绕着中心柱一圈一圈不断地回绕走动着，这样就产生了中心柱及其四周回廊似走道的建筑形式。[3] 佛教的布萨是重要的宗教仪式，在《杂阿含经》中记载：

> 尔时，世尊十五日布萨时，于大众前敷座而坐。[4]
> 若复在居家，奉持于净戒，如法修布萨，亦复应敬礼。[5]

对于奉持净戒的在家佛教徒，只要如法在每月十五日举行布萨，便亦能获得尊敬礼赞。所以这种中心柱窟就具有布萨礼拜功能的场所。在敦煌石窟、云冈石窟礼拜场所的建筑也是使用中心柱的形式。有研究者提出，在伊朗波斯帝国故都苏萨，以及底格里斯河畔的哈特拉，皆保留有火神庙遗址。这两处遗址，在庙内都建有拜坛，坛两侧有回廊，很像龟兹石窟中心柱两侧的甬道。这种窟寺建筑的布局在一个比较广泛的地区内出现，也包括犍陀罗。在佛教

1　朱英荣：《论龟兹石窟中的伊朗文化》，载《新疆大学学报》2（1987），页 30。
2　Grünwedel, *Altbuddhistische Kultstätten in Chinesisch-Turkistan*（Berlin: Georg Reimer, 1912），148–149，见《新疆古佛寺》（北京：中国人民大学出版社，2007），页 256。
3　《论龟兹石窟中的伊朗文化》，页 31。
4　《杂阿含经》（T. 02 No. 0099），卷 29，《大正藏》，页 209 b27–b28。
5　《杂阿含经》（T. 02 No. 0099），卷 29，《大正藏》，页 293 b27–b28。

和拜火教的建筑学观点的影响下，这种布局很可能已经在一个如此广泛的地区里被佛教建筑风格所接受。[1]

3. 龟兹石窟寺院造像与中原汉文化

根据考古发现，龟兹地区在东汉时期就有了佛教和佛教艺术，并且也有汉代遗址出土。黄文弼在 1928 年塔里木盆地的考察记录中提出：

> 据余所已探查者，除阿克沁城作方形为土砖所砌，时代可能稍晚外，若满玛克沁、黑太沁、穷沁、克子尔沁、羊达克沁城之形式，均作圆形，墙亦为土筑。以许多遗址证之，凡此类建筑均较早，可能是汉代遗址。综合渭干河两岸之古址，则知渭干河流域，自汉、唐两代均据此为政治及经济中心区。土地肥沃，人户殷盛。[2]

这一考察说明渭干河流域自汉至唐一直有汉人居住。西汉宣帝神爵二年（公元前 60 年），西域都护府建立后，龟兹隶属于其管辖。东汉和帝时，将西域都护府迁于龟兹都城延城，自三国至北魏之后，龟兹的地域更加扩大。从艺术考古研究看，特别是对库木吐喇汉风洞窟的研究，可以发现其无论是从壁画的题材内容、布局构图、人物造型、装饰纹样、绘画技法诸方面，都具有明显的中原地区的汉化佛教艺术风格，或受到中原佛教艺术强烈的影响。[3]龟兹库木吐喇石窟寺出土的"菩萨头像"（图Ⅱ.01、Ⅱ.02），现收藏在东京国立博物馆。[4]1903 年 4 月大谷探险队抵达库车，开始对库木吐喇石窟的挖掘，大谷光瑞记："5 月 11 日在五大室和溪谷对面，与南面相连的一个佛洞，发现了菩萨、仙女的脸、手、脚等……阿弥陀经卷轴的残片、菩萨的脸、手足很多。"[5]当时挖掘出土的菩萨塑像头部 7 件，在旅顺的菩萨头部 1 件，均出自同一石窟的文物。[6]

1　Litvinsky,"*Outline History of Buddhism in Central Asia*,"*Calcutta* (1970): 127–129.
2　黄文弼：《塔里木盆地考古记》，页 26。
3　马世长：《库木吐喇的汉风洞窟》，载《中国石窟——库木吐喇石窟》（北京：文物出版社，1992），页 203。
4　香川默识编：《西域考古图谱》上，雕塑部分图版 5（北京：学苑出版社，1999）。
5　大谷光瑞著，章莹译：《丝路探险记》（乌鲁木齐：新疆人民出版社，1998），页 105–106。
6　中野照男：《二十世纪初德国考察队对库木吐喇石窟的考察及尔后的研究》，载《中国石窟——库木吐喇石窟》，页 241。

　　本书图Ⅱ.01塑像，头顶高冠有破损，仍可看出头戴绞环型花冠，头发穿过饰物，向右侧垂下，这是犍陀罗菩萨风格。面部施肉色，弯弯的眉毛和眼睛用墨色勾勒，上眼睑双眼皮和鼻翼用红色勾勒，嘴唇红色，蝌蚪形的胡须墨色勾勒，从用线勾勒技法看是中原绘画要素。这尊塑像风格与库木吐喇GK21窟穹窿顶部绘的十三身菩萨立像风格相似，此像也许是一躯伎乐菩萨。熊谷宣夫认为："同一石窟出土七件菩萨塑像头部，塑像彩画上看，其中包含着汉族绘画系统因素。"[1]根据研究者考察，取得这些塑像的石窟，已经开始受回鹘－中原风格的影响，这一点可以根据同一石窟中发现的一尊打上唐式发髻的塑像，以及从同一石窟中发现的汉译《佛说阿弥陀经》卷轴获知。[2]这是在一个石窟中体现了两种风格，既有龟兹样式，也有汉化样式，这种过渡期的特征与汉僧来到龟兹住持寺院有密切的关系。

　　贞观十四年（公元640年），唐朝设安西都护府于龟兹，并以三万多汉人士兵驻守，与此同时，汉僧也来到龟兹，并将中原文化带到这里。安西大云寺主秀行原是长安七宝台寺的僧人，而七宝台寺是公元677年由武则天下令所建。[3]马世长先生提出："唐朝在龟兹设有统辖龟兹、疏勒、于阗、焉耆四镇佛教事务的都僧统，由汉僧充任，地点和唐朝在西域地区设立的安西都护府一样，也在龟兹"。[4]根据考古发现，在库木吐喇石窟寺发现许多汉文题记："大唐囗（庄）严寺上座，四镇都统，律师囗道。"[5]题记中的"四镇都统"可能是执掌四镇佛教事务僧官的职衔，在龟兹设立"四镇都统"，说明唐朝在西域建立了汉化的佛教管理系统。图Ⅱ.08僧侣头像出土于库木吐喇石窟寺，此尊头像面相圆润，五官的刻画较写实，疑是以一僧侣为原型而塑造的。值得关注的是僧侣相貌不是西域人的特征，而是来自中原汉人的相貌特征，这也印证文本记载，汉僧在龟兹的活动。库木吐喇石窟寺是龟兹境内汉人开凿窟寺，也是汉僧住持最多的一处石窟，其保留着很多汉文题记，是我们研

1　中野照男：《二十世纪初德国考察队对库木吐喇石窟的考察及尔后的研究》，载《中国石窟——库木吐喇石窟》，页241。

2　度边哲信：《西域记行》，载《新西域记》上卷（东京：有光社，1937），页332。引自中野照男（注28），页241。

3　荣新江：《慧超所记唐代西域的汉化佛寺》，载《冉云华先生八秩华诞寿庆论文集》（台北：法光出版社，2003），页399–407。

4　马世长：《库木吐喇的汉风石窟》，载《中国石窟——库木吐喇石窟》（北京：文物出版社，1992），页221。

5　香川默识编：《西域考古图谱》上，绘画部分图版9（北京：学苑出版社，1999）。

究库木吐喇石窟寺重要的考古材料，其中墙壁上题记有相当多的题名，如"法满""惠增""法超"等，皆为僧侣之名。由此可见当时有大量的汉僧自中原来此，礼佛朝圣并留下汉文题名。[1]

再者，在龟兹石窟寺的佛教经变画中，亦能看见来自中原地区的汉化佛教影响。随着汉僧住持和汉窟建筑的出现，大批中原画家和工匠开始在西域各地活动，给龟兹石窟艺术带领来新的样式。值得我们注意的是，从考古材料显示，至6世纪后，龟兹样式与中原样式平行发展共存。而就中原样式的部分，我们可见部分供养人图像表现的是汉人装束与相貌。库木吐喇石窟寺出土的一尊供养人头像（图II.09），发型特征为上梳，露出双耳，顶上的发髻有部分损坏。这尊头像面相圆润饱满，眼睛刻画为单眼皮，眉毛、眼睛和唇上卷曲的小髭均用墨色勾勒，唇厚，轮廓刻画清晰，这些特征是中原汉人男子的相貌。另一尊保存较好的供养人跪像（图II.10），此像单腿跪在地上，双手捧着一个长方形的盘，头略上扬。身着一件白色的长裙，表现出年轻汉族仆人女子的装束。发型为双垂髻，遮住双耳垂下，这是典型的初唐少女的发型。这种发型特征与敦煌石窟唐代壁画供养人图像类似。头发黑色，眉毛眼睛墨色勾勒，肤色为棕红色，手捧的盘子上原来可能放着鲜花或香一类的贡品。一般来讲在石窟中表现供养人图像不单一人，而应该是一组人，可能是出资建造窟寺的人带领族人供养，也包括仆人。这尊年轻的供养仆人像，她的眼睛注视着上方，展现出虔诚的神态。

从上述的考察分析看，龟兹佛教造像，一方面它吸收中原佛教艺术的表现技法，使其艺术添加新的意境，形成龟兹样式。另一方面又对中原汉传佛教艺术的表现形式直接采用而不加改动。

三、结语

龟兹石窟寺院地处中国新疆，是古代丝绸之路北道的中心地区，也是汉、唐时期沿着丝绸之路中国与印度、波斯、希腊、罗马各国文化、经济交流的重要枢纽。学界过往对中国雕塑发展史的研究，更侧重其所显示的地域特征，或是外来影响的痕迹，那么在这种地域文化与外来文化接触并相互影响时，

1　黄文弼：《塔里木盆地考古记》，页14-16。

我们又该如何追溯其传统根源，并讨论其文化变迁呢？或许，当我们以比较研究的视角来看，就能发现龟兹石窟寺院造像，是随着佛教的发展以及制度化的完善而繁荣的。作为古代丝绸之路上的枢纽，龟兹在接受和转化西来的艺术时，亦融合着东来的中原艺术风格，并由此形成了"龟兹风格"。这篇文章是以龟兹石窟寺院造像作为讨论的焦点，寻找龟兹在古代丝绸之路上佛教造像发展的途径，并探讨龟兹石窟寺院佛教造像与犍陀罗佛教艺术、波斯文化之间的关联和影响。龟兹从西汉时代开始就接受汉文化，行汉家礼仪。东汉至唐在龟兹设置都护府，特别是汉化佛教系统的建立、汉僧都统统领四镇佛教事务等，也将中原汉传佛教仪轨带入龟兹，中原的文化艺术也自然地输入到龟兹。

另外，有学者指出汉化风格的佛教艺术，通过丝绸之路带到西域各国，如在印度阿旃陀石窟中尤为可见。常任侠先生认为："1 号和 2 号石窟中的壁画有中国西部人的面相，和来自中国的事物，这说明中国和印度艺术相互影响，不仅在敦煌石窟、云冈石窟，以及新疆的洞窟可以看到，在印度的阿旃陀石窟，也同样存在着中印文化交流的影响。"[1] 这一点有待我们深入考察及研究。

1　常任侠 :《印度和东南亚美术发展史》(合肥 : 安徽教育出版社，2006)，页 40-41。

龟兹石窟造像的宗教意涵及功能
——从克孜尔塑像群窟谈起

黄君㑇

一、前言

克孜尔位于丝绸之路北道中段，为龟兹古国佛教的中心区域之一。当地遗存下来的石窟寺院最早于公元 3 世纪开凿，并在 6 世纪左右达至巅峰，是我们了解古代龟兹佛教文化的重要遗址。

克孜尔现有石窟 349 个，可据地理位置分作四区。当中的第 77 窟位于石窟寺谷西区，开凿年代约在公元 3 世纪至 4 世纪，为克孜尔早期洞窟之一。[1] 学界普遍认同此窟形制为大像窟，构造本身与中心柱窟相同，亦设有中心柱。[2]

---

[1] 学界虽对此窟的建造时期看法不一，不过基本认同 3 世纪至 4 世纪的这一时段。例如德国学者格伦威德尔根据洞窟形制与壁画风格，将其归入到受犍陀罗样式影响的第一阶段，为公元 4 世纪左右。瓦尔德施密特则提出其所受印度与伊朗风格的影响，时间应为公元 5 世纪。参见晁华山（1997）：199。之后中国学者宿白从洞窟形制与壁画组合，并参照了碳十四的检测结果，称此窟为第二期，时代约为公元 4 世纪至 6 世纪之间。参见宿白（1989）：22。霍旭初则根据人物造型与壁画内容等，将此窟归入初创期，为最早开凿的窟寺之一，时代约为公元 3 世纪至 4 世纪之间。参见霍旭初（2006）：59-63。贾伟加则从此窟地理位置的角度，提出其中心柱变小且四壁不设窟，可能为公元 5 世纪所建。参见贾伟加（2020）：113。廖旸在对克孜尔石窟壁画年代进行学术史回顾后，将此窟视作一个承上启下的关键窟寺，约为第一期至第二期之间，为 4 世纪至 5 世纪之间。参见廖旸（2006）：248-270。晁华山在其文中亦有谈到，克孜尔石窟寺并非一个封闭的体系，当中的壁画受到了龟兹地域内外的影响，是在龟兹社会的发展过程中，逐渐添加或演变的。

[2] 参见宫治昭（2009）：348-349。大像窟中多同时设有中心柱与佛立像，是为了礼拜者绕行巡礼等宗教仪式目的。金维诺在讨论克孜尔第四十七窟时，提出其可能与当时鸠摩罗什在龟兹弘扬大乘佛法的场所有关。参见金维诺（1997）：1-9。鸠摩罗什大乘思想的发展及其对龟兹石窟的影响，参见霍旭初（1997）：49-58。学界一般认为克孜尔石窟的中心柱，为印度早期窣堵坡的变形，称这类洞窟为支提窟。参见宫治昭（2009）：23-24。何志国则认为中心柱实则与两侧甬道为一整体，是分割洞窟前后室的隔墙，可能参考了汉地汉魏时期的砖室墓。参见何志国（2020）：112。

当中出土的大量塑像，为克孜尔石窟所鲜见，德国考察队据此将之称为塑像群窟（Höhle der Statuen）。[1] 现此窟的主室已塌毁，甬道与后室部分保存了下来。当中值得注意的是窟内墙壁上留有的凿孔与像台，原应皆为塑像放置或镶接的地方。通过现场残存情况来看，原在主室正壁上应塑有一尊大佛像，另在后室的涅槃台上亦应有一尊大涅槃像，现均无存。[2] 除外的塑像则由于损毁破坏，现存完整的很少，多仅剩头部。我们因此难以通过它们的姿势或衣饰，判断其身份或形象，参与着何种事件或场景等。另外，外国考察队在 20 世纪初对塑像群窟进行考察时，将大部分塑像转移到了外地，却未保留足够的文字记录，使我们更无从考察它们原初可能在洞窟的哪个位置。

学界对此窟的讨论，多集中在窟内的壁画风格与内容上，却对同在窟内出土的塑像未给予足够重视。究其原因，可能是因为这类塑像从数量或资料层面，均不足以构建出完整的讨论。可这并不影响这批塑像的学术价值，尤其是考虑到它们作为洞窟重要的组成部分，除直接反映了该窟的主题外，更与窟内的壁画等元素构成互文性关系，是我们理解该窟性质与用途必不可少的材料。我们可询问如下问题：为何在此窟中设有如此大量的塑像？为何这类人物形象是以塑像而非壁画的形式存在？塑像与壁画的关系或差异究竟为何？我们又该如何理解这类塑像在洞窟中的功能与意义？

我们将围绕上述问题，先对塑像群窟的内部形制与壁画内容进行探讨。之后则分别通过关注这些塑像的神情视线与扮相饰品，将之与在相近区域的壁画或塑像形象相互比照阅读，尝试推测它们的姿势与身份，分析其最可能对应于窟中的哪个空间。我们将脱离传统艺术图像志将此类塑像视作独体艺术品的看法，转而进入到一种宗教视觉性与空间性的维度，通过思考这类塑像在洞窟内部空间中被观看或使用的方式，讨论其功能与意义。

二、洞窟的形制与壁画的叙事

塑像群窟内出土的塑像多不完整，导致我们难以通过其形象姿势，判断

1　参见 Grünwedel（1912）：91-95。本书将采纳此称，是因为考虑到其并不只是一个泛称，塑像群的专有命名不仅简明扼要地突显了此窟的独特性，更促使我们思考，塑像群作为一种特殊窟室的类别，可与大像窟等进行宗教功能层面的比较思考。
2　学界对此窟的现存情况已有大量描述，当中比较详细且最新的为贾伟加的调查报告。参见贾伟加（2020）：107-112。

它们的身份与位置。因此，在深入探讨它们前，我们有必要先了解窟内的形制与空间，好从这两点入手来反观并解读这批塑像。为此本书会先集中考虑其中尚存的壁画，通过分析其叙事内容，解读洞窟不同空间的主题与功能。

塑像群窟尚存壁画的空间仅余后室与甬道。通过后室所设的大型涅槃台，学界基本认同其是以涅槃为主题构建的。除此之外，券顶与侧壁绘有的天人奏乐舞蹈散花场景，亦是常见的涅槃图像，可能体现了佛母摩耶夫人在得知佛陀涅槃后下世时的场景：

> 时摩诃摩耶说此偈已，涕泣懊恼不能自胜，与於无量诸天女等眷属围绕作妙妓乐，烧香散花歌颂赞叹，从空来下趣双树所，到娑罗林中已，遥见佛棺即大闷绝不能自胜。诸天女等以水洒面，然后方苏。[1]

东西甬道中的壁画则相对复杂，不过仍可简单概括作弥勒天宫的场景。当中侧壁的壁画基本脱落，券顶则保存较为完整。东西甬道在图像构成上基本一致，券顶与侧壁的交接处以墨线绘制的栏杆条纹作区隔，绘有清晰的栏楯与梁柱，使其成为克孜尔地区最写实的栏杆刻画之一。[2]绘于栏杆之上的，是天人赞叹的场景，弥勒菩萨则交脚坐于栏台中央的草团之上，身旁伴有帝释天与大梵天等形象。我们由此基本可以判断，甬道的壁画所呈现的是弥勒场景，并在宫治昭看来，为天宫的具体呈现。[3]那么塑像群窟的甬道至后室，可能便是围绕弥勒天宫与佛陀涅槃两大主题所建。

另在甬道的券顶中脊绘有天相图。当中残存可识别的部分，例如有飞翔于白云之中的龙与鸟的形象。旁侧有戴头冠与项圈的风神形象，身体绕有黑色风袋。券腹则绘有山岳图，是以重叠的方菱格条纹组成，每个方菱格形状高耸尖圆，仿若叶片。方菱格山岳纹图样内绘有水池花木，动物鸟类，亦可见禅定比丘与天人伎乐等形象。当中僧人共有六人，多作思考状，跏趺坐于莲池前或大树下，身边围绕着鸟兽盘蛇，身体或有火焰或水流喷出，亦有部

1　参见《摩诃摩耶经》（T.12 No. 383），《大正藏》，页 1012 c08–c12。
2　参见宫治昭（2009）：351。贾伟加进一步描写此一栏杆条纹是由一系列仿橡纹与竹节纹所组成，构成了一个立体的栏台。参见贾伟加（2020）：109–110。
3　参见宫治昭（2009）：351。贾伟加进一步描写此一栏杆条纹是由一系列仿橡纹与竹节纹所组成，构成了一个立体的栏台。参见贾伟加（2020）：109–110。

分伴有骸骨或蛇蟒形象，为在山林间观想修禅的形象体现。[1] 就艺术风格而言，方菱格山峦的构图，可能是受到犍陀罗风格的影响。例如宫治昭便有提出可能是受帝释窟禅定的启发，并同时继承了中国如博山炉等古代山岳纹的传统。[2] 亦有学者认为此类山峦图像对应的是禅经中的宝山，当中所设的自然场景，为僧人理想禅修场所的视觉化体现。[3] 券腹的山岳构图与禅修形象，构成一座须弥山，使禅定境域与宇宙神山相互呼应。[4]

学界现对上述壁画图像的讨论，多集中于某一特定佛典传统，并在一定层面忽略了龟兹佛教的复杂性。我们若要解读龟兹窟寺的图像与塑像，并探索它们可能借鉴了哪些佛经文本材料，便需同时思考小乘佛教一切有部的学说，并参考如鸠摩罗什（344-413）或昙摩蜜多（356-442）等在龟兹曾活跃的大乘佛教学者所译的经典。

小乘佛教对龟兹石窟壁画的影响，学界已有广泛探索。例如苗利辉曾言龟兹兜率天净土思想，就是基于小乘佛教的理念而成的。[5] 李瑞哲则进一步探索了小乘佛教说一切有部在克孜尔石窟壁画上的反映，提出龟兹是受罽宾一带的小乘说一切有部的影响，更着重禅修与戒律。[6] 小乘佛教在古代龟兹地区占有主导地位，却并不代表我们可以忽略大乘佛教的重要性。公元 4 世纪以鸠摩罗什与昙摩蜜多为首的高僧，开始了大乘佛教在龟兹地区的传播。由于他们在龟兹地区的活跃时期较短，影响力也多集中在阿奢理贰寺，遂对龟兹窟寺的影响称不上持续，5 世纪后龟兹又回归小乘传统。[7] 即便小乘佛教在古代龟兹地区几乎占据了主导地位，但考虑到上述大乘学者在当时龟兹一地所享之名声地位，亦不可忽略他们所译经典与佛学思想对龟兹石窟的影响。我们将着重阅读两个脉络中有关禅修与弥勒的经典，并尝试证明此类经典不只有助于理解窟内壁画，更对分析解读出土塑像的身份与功能至关重要。

1　参见宫治昭（2009）：358-368。
2　参见宫治昭（2009）：381。
3　参见王芳（2017）：88。
4　参见宫治昭（2009）：367。史晓明认为菱形格既指以须弥山为中心的一个世界，亦指向佛教宇宙观中的大千世界。参见史晓明（1991）：26-30。李雨濛在考察多地的菱形格形象后，提出该样式除了受印度影响外，亦可从中国原始社会的文物上找到相似源头，更可在西域与西藏等地区看到。参见李雨濛（2012）：126-134。
5　参见苗利辉（2018）：82。
6　参见李瑞哲（2006）：100-105。
7　参见李瑞哲（2006）：105。鸠摩罗什在被吕光掳至长安前只在龟兹活跃了数十年，昙摩蜜多则在龟兹王盛情邀请下在龟兹逗留了几年，之后亦离开并辗转至敦煌凉州等地。

先从窟内甬道中的禅修图像谈起。学界基本已准确指出其中的僧人形象，实则是在实践坐禅法中的初级观像法。例如右甬道顶部所见之面对骷髅的僧人，便是观白骨禅法的体现。[1] 我们可从多位龟兹佛教学者的译经中看见相关内容，是此类观想法在龟兹地区盛行的佐证。例如昙摩蜜多在入中原前曾居龟兹多年，并得到其时龟兹王的礼待，遂其所译之禅修经典应在龟兹地区有一定影响力。当中对本书最重要的，是一部将白骨观想与弥勒观想相串联的译经：

> 若极其身者，当观白骨，亦可入初禅。行者志求大乘，若命终随意所欲生诸佛前。若不尔者，必生兜率天得见弥勒，定无有疑也。[2]

可见白骨观是大乘学者禅修必备的入门法门，修行者在命终时，可生如弥勒兜率天等的诸佛所。除了昙摩蜜多外，鸠摩罗什亦有多部译经，解释了白骨观的含义与内容。例如：

> 若比丘比丘尼，优婆塞优婆夷，系念住意，心不散乱，端坐正受，住意一处，闭塞诸根。此人安心念定力故，虽无境界，舍身他世，生兜率天，值遇弥勒，与弥勒俱。下生阎浮提，龙华初会，最先闻法，悟解脱道。复次阿难，佛灭度后，浊恶世中。若有比丘比丘尼，优婆塞优婆夷，实修梵行，行十二头陀庄严身，心行念定，修白骨观。观於不净，入深境界，心眼明利，通达禅法。如此四众，为增长佛法故，为法不灭故。[3]

可见坐禅观想，是前往兜率天面见弥勒的方法，并可后随之下生，参与由弥勒佛在龙华树下主持的法会。修行白骨观因而作为一种明晓禅法的法门，符合甬道中的弥勒主题。

除外也有冥想僧人从双臂双腿处喷出火焰与水流。学者认为此类火水禅定僧所反映的是达至禅定三昧果的僧人，为禅修中的火大观与水大观，并对

1　参见宫治昭（2009）：360。
2　参见《五门禅经要用法》（T.15 No. 619），《大正藏》，页 0332 c22-c25。
3　参见《禅秘要法经》（T.15 No. 613），《大正藏》，页 0268 c14-c23。

应于犍陀罗艺术传统中的佛陀神变与焰肩的图像。[1] 我们在上述昙摩蜜多与鸠摩罗什的两部译经中，均可见对水大观与火大观的描写，并不约而同地将之视作白骨观后的禅定方法。凡举一例：

> 自见身中，水上火下，火上水下，观身无身。此想成时，见身水火，不温不冷，身心寂尔，安住无碍。此名斯陀含果，亦名境界实相。[2]

我们基本可以确定禅修经典对塑像群窟的影响。可若进一步考察弥勒经典，便会发现一例借弥勒之口介绍摩诃迦叶时，提到了身体显现水火的情景。摩诃迦叶作为头陀第一，得弥勒佛指引而现神足，并向众人说过去佛所有经法，使八十亿听者得阿罗汉：

> 摩诃迦叶踊身虚空作十八变，或现大身满虚空中。大复现小，如葶苈子，小复现大。身上出水，身下出火。履地如水，履水如地。坐卧空中，身不陷坠。东踊西没，西踊东没。南踊北没，北踊南没。边踊中没，中踊边没。上踊下没，下踊上没。於虚空中，化作琉璃窟。承佛神力，以梵音声，说释迦牟尼佛十二部经。大众闻已，怪未曾有。八十亿人远尘离垢，於诸法中不受诸法，得阿罗汉。无数天人发菩提心，绕佛三匝，还从空下，为佛作礼，说有为法皆悉无常。辞佛而退，还耆阇崛山，本所住处。身上出火，入般涅槃。收身舍利，山顶起塔。[3]

可见摩诃迦叶的神足之一，是身体上下显现火水，可能为窟内所绘之火水禅修僧提供故事来源。另外值得留意的是，无论是摩诃迦叶在施展神足时天人从天而下的场景，抑或是同在经中所谓七宝瓶盛粪，龙与鸟的描述，均与塑像群窟甬道壁画的场景相吻合。我们或可据此证明鸠摩罗什所译弥勒经典对此窟的影响。

进一步而论，方菱格的山峦形象，可能也是在描绘上述弥勒说法场景的发生地耆阇崛山（Gṛdhrakūṭa）。法显（337–422）记录此山为鸡足山，并描

1　参见宫治昭（2009）：365–366。

2　参见《禅秘要法经》（T.15 No. 613），《大正藏》，页 0262 b12–b15。

3　参见《弥勒大成佛经》（T.14 No. 0456），《大正藏》，页 0433–0434 c19–a02。

写了山中榛木丛立，多狮子狼虎等猛兽的情形，亦与壁画所绘场景相似。摩诃迦叶的事迹，引得一批欲供养仿效的修道人进入山中，当中心诚者会在夜里得罗汉来访：

> 从此南三里行到一山名鸡足，大迦叶今在此山中。擘山下入入处不容，人下入极远有旁孔。迦叶全身在此中住，孔外有迦叶本洗手土，彼方人若头痛者，以此土涂之即差。此山中即日故有诸罗汉住彼，诸国道人年年往供养迦叶，心浓至者夜即有罗汉来共言，论释其疑已忽然不现，此山榛木茂盛，又多狮子虎狼，不可妄行。[1]

修禅者或在观想此类火水观图像时，亦联想到摩诃迦叶得道说法的场景，并在观想过程中与之产生连接，实质地参与到摩诃迦叶的说法场景中，得阿罗汉。另佛陀涅槃后众弟子首次集结的地方，亦是在耆阇崛山之下的王舍城，更从叙事层面串联了甬道至后室，弥勒观想至佛陀涅槃两个主题。

我们由此可作以下几点判断。塑像群窟的甬道与后室，分别以构建弥勒天宫与佛陀涅槃的场景为主。不过无论是哪个空间，均与禅修产生必然关联。例如王芳曾通过辨识龟兹石窟第二期的券顶壁画内容，提出当中的图像有辅助僧人禅定修习的功能。[2] 我们或可将此观点，引申到本书所探讨的塑像群窟上，视甬道中的修禅图像为修禅的视觉辅助。当中所绘之弥勒天宫，视觉化地提供修禅者身处其中的感受。修禅图像则与之搭配，分别从象征性与故事性的角度，协助修禅者以观想的方式，进入到兜率天中面见弥勒。

三、塑像在洞窟中的位置

我们在结合壁画了解窟内各空间的性质后，便可进入到对塑像的讨论中。我们将主要关注出土于塑像群窟，现藏于柏林的 14 尊塑像，并就其残存的部分，尝试推测其在窟内的位置与身份，并最后探索其功能用途。

克孜尔石窟常见的陶制塑像，多体积较小，可就塑像比例与凿孔面积来

1　参见《高僧法显传》（T.51 No. 2085），《大正藏》，页 0863-0864 c27-a05。
2　参见王芳（2017）：106-107。

推测，塑像群窟中出土的塑像体积相对较大，当中大部分甚至与真人相仿。[1]
另从窟内的凿孔来看，塑像原应是被放置镶嵌在像台或墙壁上的。这类凿孔
分别有圆形与方形两种，学界普遍认同圆形凿孔作为架设塑像骨架的支点，
方形凿孔则为开凿洞窟时搭木架所用，可能是先在方形凿孔上搭建木板平台
以塑出塑像。[2]克孜尔地区的泥塑像，多援用中国雕塑的传统方法，会先以木
桩为中心支架，并以禾草秸包扎呈现四肢，之后再按照此模板施泥塑造出型。
就此而言，紧贴在墙壁上的塑像，亦应遵循了类似方法，先将以木桩禾草制
成的身躯支架镶嵌进墙壁的口中，之后才在此固定的支架雏形上施以泥土，
完成塑像。

除凿孔平台外，亦有沿壁而设的像台。外国考察队在进行考察时，像台
上仍堆积着大量的碎片与瓦砾，塑像则零落地掩埋在瓦砾下。可惜的是，外
国考察队在发现这些塑像时，并未对其出土位置与状态有所记录。现在这批
塑像多已损坏严重，无法从其姿势或动作获取线索，加上它们被转移外地，
我们已难以通过近距离比照塑像与洞窟的痕迹来判断它们原初的位置了。那
么该从何推测它们在洞窟中的位置呢？

我们在格伦威德尔（Albert Grünwedel）的考察报告中，可见有此一张照
片保留下来，揭示了部分塑像在被发现时的状态。[3]照片所示的空间为甬道外
侧壁，当时在此处的像台上仍存三尊塑像的下半身，现已被转移或散失。通
过塑像群窟的墙壁基本状态来看，照片中的三尊塑像应为镶嵌在墙壁上的，
并呈现了截然不同的衣纹式样，遂可推断它们所呈现的为不同的人物形象。

当中值得关注的是，照片最左面的下半身像身躯壮实，肌肉线条丰满清
晰，袈裟从左右紧贴皮肤垂下，就形象上与本书所考察的一尊塑像非常相似（图
I.23）。这尊塑像的上半身在被发现时已经损毁，不过从残存部分来看，塑像
身躯壮实，肌肉丰满。袈裟与内裙分别施以朱砂色与石绿色，并以自然的姿
态左右垂下，就风格而言显然是受到犍陀罗艺术的影响。形象上类似于一尊
佛立像，不过从体型上来看应非原设在主室中的那尊。我们若将之比照在照
片中所见的那尊塑像，便可推测这尊半身像原可能亦是放置在甬道像台上的。

除此之外的其他塑像则因资料的不完整，无法直接推测出其摆放位置。

1　参见吕明明（2004）：1061-1062。
2　参见吕明明（2004）：1061-1062。
3　参见Grünwedel（1912）：94。

　　就此本书将仅凭残存的头部，通过关注这批塑像的面相五官等不同部分，尤其是其眼神视线与面相神情，分析它们最有可能对应于窟中的哪个空间。

　　就眼睛神态而言，塑像群窟内的塑像可进一步分作仰视与平视两大类，并以前者居多（图I.03/I.07/I.11/I.13/I.14）。塑像作为立体的存在，是在宽敞昏暗的洞窟环境中最为靠近参拜者的媒介，是协助他们观看或探索该窟所不可或缺的空间指标。遂这类作仰视状的塑像其视线是有着一定指向性的，并应正处在一个较低的位置向上观看，形象上似乎与同一地区听法图壁画中常见的听法者类似。并且由于听法者形象多出现在说法场景中，就主题而言似乎亦与本窟相符，遂我们或可推断这类作仰视状的塑像，可能亦作双手合十之坐姿，聆听供养着正在说法的弥勒或佛陀。

　　那么这类作仰视状的塑像，当初最有可能出现在哪个空间中呢？克孜尔塑像在发现时多集中在甬道中，甬道亦设有像台，不过由于空间相对狭隘，并从仅存头部的高度判断，塑像若是放置在甬道中，那眼睛的视线便似乎有些不为所指。除此之外的后室为涅槃主题，克孜尔石窟在呈现涅槃图像时，多以一尊涅槃像来展现，并在旁侧绘有伎乐天人与哀悼弟子等。塑像群窟的后室，亦曾设有巨大佛涅槃像，并绘有天人与比丘来表现对佛陀涅槃的哀悼与供养。可现存作仰视状的塑像多面相安稳，嘴角向上，并未呈现佛涅槃场景常见的哀悼悲伤神情，遂可能并非放置在后室中。

现已坍塌的主室，原主壁上设有一泥塑大佛，旁侧两壁则有木质像台，原应放置着塑像。另在贾伟加的调查报告中，更记主室中有一身金刚力士像，现头部四肢皆损毁，余下部分则藏在柏林。[1] 我们从上述线索可见主室在坍塌前，是有放置塑像的。那些作仰视状塑像可能原是放置在主室中，并与大佛像形成互文本的关系，视线望向大像，并呈现作听法的姿态。

四、塑像在洞窟中的功能

那么这类塑像的功能究竟为何？我们要回答这一问题，便需尝试以往日修行者的目光来想象其宗教体验，并从中反思塑像在窟寺空间中的功能。我们会从空间经验的角度着重思考几个问题，先是通过光线与视线的双重性解读，引申思考塑像在窟中的功能。之后则通过平面与立体的差异性，讨论壁画与塑像在窟内，分别为参拜者提供何种不同的观看体验。我们最后会从佛教禅修的角度，解读塑像的宗教实践功能，并思索昏暗对此洞窟宗教体验的重要性。

学界一般认同设有中心柱的洞窟，为仪式参拜的场所。塑像群窟也不例外，当中大量与禅修相关的题材，已印证了此窟作为禅修之所的宗教修行功能。可能部分洞窟的券顶壁画在设计时，已有将辅助僧人禅定修习的功能考虑在内。[2] 甬道中大量禅观题材的壁画，充当僧人观想的参照对象，使发生在过去的禅修事迹同时发生在观想的当下。

今日有赖于数字科技的进步，我们可以通过网络或图册，足不出户便可看见无比清晰且明亮的洞窟壁画，更可在博物馆近距离地观看石窟艺术的细节。可这一似乎已成常态的观看方式，实则仅作为一种理论体验，脱离了物件本身在洞窟中的空间性与关联性，并与当初入窟者的实际体验截然不同。

事实是每个洞窟的内部皆相当昏暗，当年参拜者可依凭的光源却很有限，除了可能持有的油灯外，便仅有那自洞口射入的自然光。可无论上述何者，均仅为参拜者提供了微弱的光源，是未必足以支撑他们看清窟内细节的，更

1　参见贾伟加（2020）：109。
2　参见王芳（2017）：106–107。可考虑到洞窟内的昏暗环境，加上观禅壁画的出现位置多集中在券顶这一肉眼难以企及的位置，我们似乎又必须反思其存在的目的未必是在于被看见。

勿论是那些绘在券顶上的图像了。参拜者仅可凭借微弱的光线深入到洞窟之中，等待眼睛逐渐适应昏暗的环境后，才能去摸索其中的塑像与壁画，并感受或观想由其所提供的宗教体验。

光线的强弱不仅直接影响了其在窟内的体验，更决定了洞窟的格局与分布。我们现在发现，特定洞窟内壁画并未按照特定叙事性或时序性进行排列，可能正是受光线的影响所导致的。修窟者遵循光线的逻辑，特意安排了壁画与塑像出现的位置，构建出一套独属昏暗洞窟环境的叙事线，为参拜者分出了观看的主次。参拜者在入窟后会很自然地随着光线的强弱，将目光投放到某处，并随所见的内容逐步深入探索，为由光线所引导的视线。

可此一光线的微弱性质又促使我们反思，一个洞窟内的大部分内容其意义可能并不在于被看见，更在于其存在本身，亦即从联想性与物质性两个层面，为参拜者提供禅修辅助。就联想性而言，参拜者通过物理层面依稀看见的图像进行联想并进入到精神层面的观想。就物质性而言，塑像或壁画上人物形象的目光视线，是光线之外的另一种空间指示，为参拜者提示继续观看窟内场景的顺序与方式。遂参拜者的观窟体验，是通过光线与视线的交叉互换交替达成的。

进一步而论，塑像在昏暗的环境作为立体的存在，无论从距离上或感官上，均比壁画等其他媒介更靠近参拜者。除了提供观窟的空间指示外，更具象化地构建出来自过去特定的宗教场景。塑像群窟出土的塑像，多是以镶嵌的方式固定在墙壁上的。原镶有塑像的位置现呈现作空白，并无壁画，就证明了塑像本身是壁画构图组成的一部分。并且塑像的人物形象大多未与壁画的内容重叠，亦意味着它们并非只是将平面的壁画绘图立体化的过程，更是壁画叙事的一种延伸，形象而立体地丰富了壁画所绘场景事件。塑像作为更靠近参拜者的立体存在，摆脱了平面维度，动态且具象地将昔日的宗教场景直观地呈现在参拜者的眼前。参拜者可以在微弱的光线下，通过其姿势与面相，进一步获得对窟内空间的理解，并以一种沉浸式的体验，参与到由窟内壁画与塑像所共同塑造的场景中。例如望向大立佛像的听法像，便是以视线作为媒介，引导参拜者看向主像，并给予其设身处地参与听法集会的感觉。

除此之外塑像的另一重要功能，可能与初级禅修法有关。我们在前文已指出甬道壁画上的部分人物形象，可在禅修佛经中找到对应内容，并似乎按照一定顺序呈现了初级禅修法中的白骨观与火水观。我们也有论及这类壁画

图像，可能作为僧人观想的辅助而存在。那么沿着这一脉络往下追溯，我们
或可视同处一个空间中的塑像亦具备了相似功能。观像的这一观念，实则与
观想有着密切的关联性，可能指向同一坐禅法中的观像法。无论是上述所引
昙摩蜜多或鸠摩罗什的译经，均有涉及观像法的部分，并且无独有偶的是它
们皆将观像法排在白骨观与火水观之后：

> 初教观佛，先教坐定意，不令外念诸缘使人。然后将至好像前，
> 令谛观像相好分明。然后安坐，教以心目观此像相好，若言我见像分
> 明是一事。[1]

观像法并不只是一种观看塑像的方法，更是一种由观入想的过程。鸠摩
罗什所译经文中，便有谈及观像法的具体内容。方法为按照顺序遍观佛像的
每个部位，待见其身体项首处的光轮时，塑像会幻化成真，并由一像幻化作
万千像，仿若具有生命般行走腾飞：

> 观像时，见诸坐像，一切皆起。巨身丈六，方正不倾，身相光明，
> 皆悉具足。见像立已，复见像行，执钵持锡，威仪庠序，诸天人众，
> 皆亦围绕。复有众像，飞腾虚空放金色光，满虚空中，犹如金云，复
> 似金山，相好无比。复见众像於虚空中，作十八变，身上出水，身下
> 出火。[2]

塑像在一方面是禅修观想的媒介，另一方面又唯有通过修禅者的观想，
才得以化为有生命的存在，使修禅者得以身临窟内各室所营造的宗教空间中。
另外在观想法中大量出现的视觉元素，例如佛像绽放光明等，均暗示了通过
观想，修禅者似乎便不再受任何客观层面的光暗所影响。[3] 亦因此，通过观想
身处在洞窟中的修禅者可以清晰地观见洞窟内所有的细节，并且这些细节是

1　参见《五门禅经要用法》（T.15 No. 619），《大正藏》，页 0329 a11–a14。
2　参见《禅秘要法经》（T.15 No. 613），《大正藏》，页 0255–0256 c25–a02。
3　多部佛经在描写禅修观想时皆有大量与视觉相关的内容。例如其中所写放大光明的佛陀，和其中
大量有关观想内容钜细靡遗的刻画等，均暗示修禅者正身处在一个光亮可视的空间中。当然此可视
性，并非纯指物理上的，更多的是由观想所带来的宗教可视性，亦即无论身处在怎样昏暗的场所，观
想皆可助修禅者摆脱物理上视线的限制。

以一种真实且生动的方式所存在的。

　　进一步而言，我们亦可在部分佛经中，读到上述观点的印证。当中最为贴切精彩的，为东晋天竺三藏佛驮跋陀（359–429）所译的一部观佛经典，尤其是其中讲述石窟与佛影的内容。[1]当被龙王请求常住龙王窟不要离开时，佛陀随即踊身入石，将其佛影留于石上，仿若明镜人见面像般，并作如下解释：

> 　　佛灭度后，佛诸弟子若欲知佛行者，如向所说。若欲知佛坐者，当观佛影。观佛影者，先观佛像，作丈六想，结加趺坐，敷草为座，请像令坐。见坐了了，复当作想作一石窟，高一丈八尺，深二十四步，清白石想。此想成已，见坐佛像住虚空中，足下雨花。复见行想入石窟中，入已，复令石窟作七宝山想。此想成已，复见佛像踊入石壁。石壁无碍，犹如明镜。此想成已，如前还想三十二相。相相观之，极令明了。此想成已，见诸化佛，坐大宝花，结加趺坐，放身光明，普照一切。[2]

　　可见若要观见佛陀，便需先行观像。之后需观想一座石窟，并以行想的方式进入此石窟之中，将之想象作七宝山，便可最终观见在石壁上如佛现于世的佛影。当希望面见佛陀都需观想出一个石窟，那么身处在洞窟中本身，便等同于节省了这一步骤，修禅者可借助此空间，进入到观想佛像跃起或趺坐，并最终在佛像的大放光明中观见一切。进一步而言，佛影所象征的窟内昏暗模糊的影像，将会通过修禅者的观想过程而逐渐变得清晰显现出来。另外亦值得指出的是，佛驮跋陀的这一译经与弥勒关系极其密切：

> 　　此人观像因缘功德，弥勒出世见弥勒佛，初始坐於龙华树下，结加趺坐。见已欢喜，三种菩提随愿觉了。[3]

　　可见观像的终极结果，是可在弥勒下生为佛时面见弥勒，就内容性质层

1　汪悦进（Eugene Wang）最先关注到这则记载，并辩证性地指出佛影不仅是作为佛陀的一种形象而是一种媒介所存在，通过它佛陀既是在场又是缺席的。参见 Wang（2014）：406–407。之后佛影概念为慧远（334–416）所纳，可能正是从佛驮跋陀处听闻的。参见 Wang（2014）：406。
2　参见《观佛三昧海经》（T.15 No.643），《大正藏》，页 681 b14–b24。
3　参见《观佛三昧海经》（T.15 No.643），《大正藏》，页 681 c04–c07。

面正与塑像群窟的主题相符。进一步思索鸠摩罗什与佛驮跋陀的关系，更会觉得这段佛经对我们理解塑像群窟有所助益。无疑二人最终因在佛像思想上的分歧而决裂，可那也是在鸠摩罗什进入长安之后。我们从佛驮跋陀进入长安时其所表现出的欢迎来看，鸠摩罗什在当时对其还是相当尊敬的。[1] 那么也就可以由此推测，当鸠摩罗什还在龟兹等地传播佛法时，是很有可能在一定层面上受后者所译佛经的影响的，为 3 世纪至 4 世纪，时间刚好与塑像群窟的开凿期间相近。另加诸思考佛驮跋陀本身的声望，便更无法排除其佛经对龟兹的影响，遂也无法排除其佛影石窟之说对后者的影响。那么以其佐证我们对塑像群窟内塑像功能的思考，亦为合理。

四、结论

塑像群窟作为一个设有中心柱的洞窟，是作为仪式参拜或禅修冥想等宗教性体验的场所而存在的。当中大量与禅修相关的题材，已侧面印证了此窟作为禅修之所的宗教修行功能。塑像在窟中的功能之一，可能与壁画类似，是为了辅助参拜者禅修冥想而存在的。不过不同于壁画，塑像所具有的三维立体性，使之在空间层面上更靠近参拜者。通过窟内光线的引导，参拜者按照一定的顺序与方式，逐一观看并揣摩在昏暗中的壁画与塑像，并在塑像视线的指引下，将目光聚焦到主像之上。塑像在另一层面，亦关联于修禅法的观像法。塑像群窟甬道壁画中的禅修图像体现了禅修法中的白骨观与火水观，并最终与窟内塑像所代表的观像法作为一个整体，构成了一套完整的观想实践方式。通过修禅者的观想，塑像会如有生命般行动起来，并将其所属的宗教场景重现于修禅者的眼前，使其得以进入到观想对象所处的空间维度中，并使自身得以跟更庞大的僧院体系串联，参与到过去礼佛观想的事件场景中。

另外一个值得探讨的问题，是昏暗这一性质究竟在洞窟宗教体验中具有何种重要性。参拜者步入洞窟，实则就是一种从明亮到昏暗，并最终返回明亮的过程，可能象征着一种从对外部光亮的依赖，逐渐过渡至寻求内在的光亮。当中昏暗的环境，使参拜者无法立刻凭借肉眼欣赏窟内的壁画或塑像，转而必须依赖部分窟内的空间指示线索，逐步观看在窟内自成体系的场景。另外

1　鸠摩罗什在听闻佛驮跋陀来长安时非常欣悦，并且后者也是倾慕前者的名声而来。参见《高僧传》（T. 50 No. 2059），《大正藏》，页 0335 a03–a04。

昏暗所具备的模糊性虽限制了物理的视线，却允许了超验的产生，时间的框架也在由其所带来的宗教神秘性体验中瓦解。[1] 通过观想参拜者可亲身参与到所观看的场景中，穿越进入到壁画与塑像所共同组成的宗教空间，开启在窟内精神性的探索与修行。可能这一探索与仙境游历或朝圣礼拜等概念有着一定联系，更接近于一场向内的精神性旅程，去发现自身所具备的佛性。[2] 不过，究竟昏暗与明亮在佛教宗教体验中具有何种意涵，可能还值得更深入探讨。

　　我们最后需要思考的问题，就是为何唯独在塑像群窟中集中出现了大批塑像。当然由于其他石窟被掠取或损毁的缘故，我们无法断言此窟为唯一的塑像群窟。可单就其保存至今的塑像数量来看，塑像群窟的性质本身仍然是一个值得深思的问题。我们对单一窟中塑像的讨论，可为日后对在更庞大石窟体系中的讨论奠定一定的基础。更进一步来说，我们可以拓展以一个石窟群为一单位进行思考，并由此着重思考这类塑像群窟在所属石窟群体系中，究竟扮演着怎么样的身份。魏正中便有从寺院空间的角度，将龟兹石窟遗址按照地域分布分作数区，并以在同一区域内比邻的石窟群视作一座小型寺院，为所属僧人的活动与生活空间。[3] 那么作为一个庞大寺院体系其中一部分的塑像群窟，便不仅作为一个单独石窟具备了宗教修行意义，亦该为其所属的石窟寺院体系整体，提供了特定宗教空间。[4] 尤其是在考察其地势位置与石料品质时，可基本确认塑像群窟是在已有的窟寺体系基础上后来添造时，便更引

1　我们或可将观想与观看（darśana）这一概念并列讨论。观看是在中古佛教史的讨论中不可或缺的一个观念，例如美术史学者在讨论佛教图像志兴起前的无偶像阶段（aniconism）时，便有使用此观念来解读无佛陀在场的朝圣场景。亨廷顿（Susan Huntington）提出此类场景不应被理解作佛陀在世时的历史事件，更应理解为一种作为仪式行为的观看。参见 Susan Huntington（1990）：404。德赫贾（Vidya Dehejia）随后撰文提出此地点与事件未必是二元对立的，观看行为作为一种仪式，将观看者带回到过去那个佛教历史瞬间。参见 Vidya Dehejia（1991）：45。汤普森（Ashley Thompson）后提出观看是一种仪式过程，当中所观看的图像将会活动起来。参见 Ashley Thompson（2015）：411。时间与空间在此仪式中便不再有任何区隔，这似乎可帮助我们理解观想，更或思考观看作为一种前观想的仪式行为的重要性。

2　弗拉德（Gavin Flood）发现此一精神旅途亦可在中古时期的基督教与印度教中看到，遂从比较宗教学的角度，将之命名作一种内蕴的真理，是一场对寻找内在性与超验性的探索。参见 Flood（2013）：193–220。我们仅从中国宗教传统来看，那么佛教的窟寺体验似乎也可在其他宗教实践活动中找到关联。例如道教从六朝仙境小说开始依靠穿越洞穴进入他界的叙事逻辑，和其后来更成体系的洞天之说，均有相似在昏暗环境中向内探索的意蕴。参见 Verellen（1995）：265–290。另似乎也可以此思考佛教朝圣礼拜的概念，将之同样视作一种通过外在旅途的向内求索。

3　参见 Vignato（2006）：359–416。

4　参见 Vignato（2006）：383–384。

发我们去解读塑像群窟究竟为其所属窟寺群添加了何种别样的意义。[1] 之后或可以塑像群窟在内的第一区石窟寺群为一整体，去思索塑像在整个体系中的作用，更可同时参考在龟兹其他出土大量塑像的石窟，例如本书亦有收纳的库木吐喇石窟寺，去构建一个属于龟兹石窟造像艺术与宗教更完整的讨论。

1　参见 Vignato（2006）：383-384。

图版说明

I　克孜尔石窟寺

I.01 菩萨头像（Head of a Bodhisattva）

约3—5世纪（about 3—5 CE）
泥塑（painted clay）34 cm
新疆克孜尔石窟寺77窟出土（德称：塑像群窟）
Unearthed in Cave 77 of Kizil Cave Temples，Xinjiang（German Reference："Cave of the Statues"）
德国柏林亚洲艺术馆藏（IB7625）Berlin Museum of Asian Arts Collection（IB7625）

出土于77窟，洞窟的构造与中心柱窟相同。主室已崩塌，中心柱左右侧壁和后壁还保存，围绕中心柱左右甬道通往后室，后室有一大涅槃台。甬道左右外侧直通后室，沿墙有像台，德国考察队清理时还有塑像的下半身保留在像台上。[1]

这件作品勒柯克（Le Coq）[2]给的名称为"被毁坏的头像"。据他记录，清理像时看到在白底色上描绘绿色和红色，头发的颜色为黑色。虽然塑像左面部和鼻翼损坏，仍可分辨出面型是蛋圆形，额部较宽，眼睛和眉毛的刻画仍可看出当时塑造的水平。发型和头冠保留完好，与图 I.13 "菩萨头像"的头冠很相似。束发卷起，从右侧穿过莲花瓣式的饰物垂下，这种束发样式是受到犍陀罗弥勒菩萨形象的影响。推测这尊"被损坏的头像"很可能是一尊菩萨像。从头像的高度看，有可能是在甬道侧像台上的主像。

The statue was unearthed in Cave 77, which had a structure similar to that of the central pillar cave. The main chamber was collapsed, leaving only the side walls and the rear wall intact. The passage-ways around the central pillar led to the rear chamber where there was a large nirvana couch. Both sides outside the passage-ways also led to the rear chamber, along the walls of which were statue stands.

1　Le Coq，A. von und E. Waldschmidt and Preussische Turfan-Expeditionen. *Die Budddhistische Spätantike in Mittelasien*. 7 vols. Berlin: Verlag Dietrich Reimer, 1922-1933. Vol. 1: Die Plastik, p. 21. 阿尔伯特·冯·勒柯克、恩斯特·瓦尔德施密特著，管平、巫新华译：《新疆佛教艺术》卷 1：雕塑卷，乌鲁木齐：新疆教育出版社，页 27。

2　Le Coq, et. al.

When the German Expedition Team cleaned up the cave, there were still some lower parts of statues left on the stands. This statue was referred to by Le Coq as "Damaged Head." According to his record, when he cleaned up the statue, green and red colors were seen on the white base color and black was the color of the hair. Although the left side of the face and the alae of the nose were damaged, the shape of the oval face was still discernible. Its forehead was relatively wide, and the representation of eyes and eyebrows revealed the level of sculpturing. The hairstyle and head crown were intact, which resemble those of "Head of a Bodhisattva" in Plate I.13. The rolled-up hair bundle went through a lotus petal-shaped ornament on the right side, drooping down. Such a hairstyle revealed the influence of the Gandharan Maitreya Bodhisattva image. This "damaged head" piece could belong to a bodhisattva statue. According to the height of the head, it was probably the chief statue on the side stand of the passage-way.

I.02 金刚头像 (Head of a Vajra Warrior)

约3-5世纪（about 3-5 CE）
泥塑（painted clay）34 cm
新疆克孜尔石窟寺77窟出土（德称：塑像群窟）
Unearthed in Cave 77 of Kizil Cave Temples, Xinjiang（German Reference："Cave of the Statues"）
德国柏林亚洲艺术馆藏（IB7626）Berlin Museum of Asian Arts Collection（IB7626）

对于这个头像勒柯克这样描述：带有犍陀罗风格的头饰（头冠）和晚期古希腊罗马风格的发型的头像，头发被认真地卷起来。脸部是后来重新修复过的。他称此像为"犍陀罗风格头饰"。[1]

考察塑像头饰，头戴一个左右像花翼的冠，左侧花翼已毁，右侧花翼上有两圈好像镶嵌着许多小宝石。头戴的花冠样式与图 I.07 听法金刚的头冠很相似。头发均匀地卷曲，是受到犍陀罗风格的影响。虽然面部重新修复过，我们仍可推想原来的样貌，眼睛望左下方，略带哀伤。从头冠和发型的式样看，是一尊金刚神。《佛入涅槃密迹金刚力士哀恋经》记载了帝释天、梵天和金刚力士的哀叹。[2] 在该窟后室有大涅槃像台，像台上的释迦涅槃大像已不存在了，但是像台正壁上方绘有壁画"金刚与伎乐天人"。推测这尊塑像可能是站在释迦涅槃枕边的金刚神。

Le Coq's description of this head piece was: "It wore a Gandharan style head piece and a late ancient Greco-Roman hair style with the hair meticulously rolled up. The facial part had been repaired afterwards." He referred to this statue as "a Gandharan style head piece."

The head dress consisted of floral wings on both sides; the left one was damaged and the right one appeared to have two rings of small inlaid jewels. The style of the floral crown resembled that of the "Head of a Dharma-Listening Vajra Warrior" in Plate I.07. The hair was evenly curled, a Gandharan style. Though the facial part was damaged, we can still imagine the original face, with eyes melancholily looking downward to the left. From the head crown and the hairstyle,

---

1　Le Coq, et al., vol. 1, p. 26.
2　《佛入涅槃密迹金刚力士哀恋经》，《大正藏》，页 1117。

it is evidently a vajra warrior. In the *Sutra of Guhyapāda Mourning at the Buddha Entering Nirvana*, there recorded the sad sighs of Śakra Devānām-Indra, Brahmā and those vajra warriors. There was a large nirvana couch in the rear chamber of the cave with the large statue of the Buddha missing. However, directly above the couch there was a mural featuring "vajra warrior and deva musicians." According to all these, this statue could be a vajra warrior standing beside the nirvana couch of the Buddha.

I.03 卷发头像 (Head with Curled Hair)

约3–5世纪（about 3–5 CE）
泥塑（painted clay）32 cm
新疆克孜尔石窟寺77窟出土（德称：塑像群窟）
Unearthed in Cave 77 of Kizil Cave Temples，Xinjiang（German Reference："Cave of the Statues"）
德国柏林亚洲艺术馆藏（IB7627）Berlin Museum of Asian Arts Collection（IB7627）

关于这尊塑像，勒柯克的考察记录很少："带有很好的被修饰过的卷发的头像，额头有皱纹。"[1] 此像损坏严重，但仍可分辨这尊头像的样貌，塑像面型为蛋圆形，额部较宽，下颌圆润。眉细长，呈月牙形弯曲。嘴角处有小窝，整个面部表情稳重端庄。头发被很好地卷曲，每一组卷发刻画得十分讲究，整体观察还是可以看到当时的塑造水平。塑像头部略斜向右侧，双眼朝右上方望，很像听佛说法。这在克孜尔石窟寺"听法菩萨"壁画中可以看到相似的样式，头略斜并望着说法的佛或说法弥勒菩萨。

Regarding this statue, Le Coq left very few records except "it is a head piece with very finely groomed curled hair and wrinkles on the brow." It was heavily damaged, but the face was still discernable: the face was oval-shaped, with a relatively wide brow, lower jaw round and full, slender eyebrows in crescent shape, a dimple at the mouth corner, giving the face a steady and dignified look. The hair was finely curled, with every group of the curls delicately treated, which reflected the standard of sculpting at that time. The head slightly slanted to the right with two eyes looking upward to the right, as if listening to the Buddha preaching, which can be seen in the "Dharma-Listening" mural paintings in Kizil Cave Temples, either slanting slightly to look at the preaching Buddha or Maitreya Bodhisattva.

1　Le Coq et al. vol. 1, p. 21. 巫新华，页 27。

I.04 穿恺甲的魔鬼 (An Armored Devil)

约3-5世纪（about 3-5 CE）
泥塑（painted clay）108 cm
新疆克孜尔石窟寺77窟出土（德称："塑像群窟"）
Unearthed in Cave 77 of Kizil Cave Temples, Xinjiang（German Reference："Cave of the Statues"）
德国柏林亚洲艺术馆藏（IB7842）Berlin Museum of Asian Arts Collection（IB7842）

对这尊塑像勒柯克的描述非常详细，此像可能是在一个柱子上，他认为这可能是半支迦的形象，猜测在被毁坏的石柱上原先一定有鬼子母神像。[1] 半支迦神像通常与妻子鬼子母表现在一起，公元 2 世纪时犍陀罗地区十分流行的佛教护法神像。在《根本说一切有部毗奈耶杂事》卷三十一记载，半支迦与鬼子母曾指腹为婚，长大后成亲，还生了五百个儿子。[2] 以后也多将这个形象描绘成金刚神的模样。在这尊塑像中我特别关注的是他面部的刻画，除了发式的塑造带有犍陀罗风格外，面部的刻画非常特别，嘴角往下撇，双眉尾部上扬，额头有几道皱纹，有一种勇猛威严的气势，这与 2 世纪犍陀罗护法神半支迦像很不一样。可能与后汉汉译佛经的描述有关，"譬如画师自画鬼神像，还自复恐怖"[3]，可见鬼是当时的画师经常画的一种题材，推测此像也许就是一尊鬼神像。

Le Coq had a detail description of this statue. It was probably placed on a column. It could be the image of Pāñcika. It was surmised that the image of Hārītī should have been placed on the damaged stone column. Both were usually represented together in the second century in the Gandharan regions as the most popular Buddhist guardian devas. In volume 31 of the *Mūlasarvāstivāda Vinaya Kṣudrakavastu*, it was recorded that Pāñcika and Hārītī had been betrothed when still in womb, got married after grown up and gave birth to 500 sons. Such an image was commonly represented as a vajra warrior. But what draws my attention was his facial portrayal which carried a Gandharan style with mouth corners twitched

---

1   Le Coq, p. 24. 管平、巫新华，页 34-36。
2   《毗奈耶杂事》，《大正藏》（Vol. 24 No. 1451），页 361 a18-b05。
3   《佛说遣日摩尼宝经》，《大正藏》（Vol. 12 No. 350），页 191 a16-a17。

down, the ends of eyebrows lifted, and a few wrinkles on the brow, displaying an imposing manner of valiant majesty which was different from the Pāñcika image, the Gandharan guardian deva of the second century, which might be due to the descriptions in the Han version of the Buddhist scriptures, such as "artists painted their self-portrait after those of spirit and deity." Such a practice revealed that "spirit" was a common theme among painters of that time. It is in this context that I surmise that this statue was a spirit/deity statue.

I.05 悲哀者头像 (Head of a Griever)

约5-7世纪 (about 5-7 CE)
泥塑 (painted clay) 26 cm
新疆克孜尔石窟寺出土 (德称：最晚的寺庙第三室)
Unearthed in the Kizil Cave Temples，Xinjiang (German Reference： "The Third
Chamber of the Latest Cave Temple")
德国柏林亚洲艺术馆藏 (IB7879) Berlin Museum of Asian Arts Collection (IB7879)

这尊塑像的面部表情很特别，出土时手臂完好地保留着。塑像面形是蛋圆形，面部颜色很白。眉毛和眼睛用黑色勾勒，额头上的皱纹用红棕色的线条勾勒，嘴略张，眼睛朝右方望，右手拨带有卷曲的棕色头发，表现出一种悲哀的神情。勒柯克推测"属于为佛陀涅槃而极度悲哀的一组人物形象中的一位头像，出土时像的手部很好地保存下来，极浅的肉色，通过以手拔头发的姿势，使这种表情表现得更加生动"[1]。这尊塑像应该是世俗的末罗族人，根据《大般涅槃经》记载，在释迦入灭前阿难通知了拘尸那揭罗的居民末罗族人。实际上，入灭后为释迦举办葬礼的就是末罗族人，听了阿难的通告，末罗族人……都悲伤地来到婆罗林中。[2] 相信在同一洞窟中是有一组悲伤的末罗族人塑像。

This statue had a peculiar facial expression. Its arms remained intact when unearthed. Its face was oval-shaped, very white colored. Its eyebrows and eyes were outlined in black, the wrinkles on the brow in red-brown. Its mouth was slightly open, and eyes looked to the right. Its right hand plucking at its curly brown hair revealing a melancholic expression. Le Coq surmised that it was one of the heads from the group of figures lamenting the Buddha's nirvana. When it was unearthed, the hands remained intact, lightly flesh-colored. The plucking posture of the hand enhanced the expression more vividly. This statue should represent the Mallas people who, according to the *Nirvana Sutra*, were the citizens of Kuśi-nagara informed by Ānanda of the Buddha's nirvana. The Mallas arrived at the Poluolin in deep grief. It was believed that in the same cave there was a group of Mallas statues.

1　Le Coq, p. 23. 巫新华，页 31-32。
2　宫治昭著，李萍、张清涛译：《涅槃和弥勒的图像学》(北京：文物出版社) 2009 年，页 98。

I.06 供养天神头像 (Head of an Offering-Making Deity)

约3–5世纪（about 3–5 CE）
泥塑（painted clay）32 cm
新疆克孜尔石窟寺77窟出土（德称："塑像群窟"）
Unearthed in Cave 77 of Kizil Cave Temples，Xinjiang（German Reference："Cave of the Statues"）
德国柏林亚洲艺术馆藏（IB7881）Berlin Museum of Asian Arts Collection（IB7881）

这尊塑像勒柯克考察称"天神头像"，出土于克孜尔 77 窟，此窟是以塑像为主的表现释迦涅槃故事的洞窟，从头像的尺寸看，这是一尊约 2 米多高的塑像。塑像戴着华丽的头冠，冠上好似珠宝装饰着。额上卷曲的束发中分，穿过饰物梳向后方，形成一个半月形的装饰。弯弯的眉毛，嘴角刻画得清晰略有上翘，面部白皙，表现出一种端庄的气质。与同一洞窟的其他塑像很不一样。推测很可能是乐神"乾闼婆"，站立在后室释迦涅槃首部周围的位置。后壁上方和顶部描绘诸多伎乐天壁画，组成一切大众皆悉云集，礼拜供养的场景。《大般涅槃经》卷中："尔时，双树忽然生花，堕如来上，世尊即便问阿难言：汝见彼树非时生花供养我不？阿难答言：唯然，见之。尔时，诸天龙神八部，于虚空中，雨众妙花、曼陀罗花、摩诃曼陀罗花、曼殊沙花、摩诃曼殊沙花，而散佛上，又散牛头栴檀等香，作天伎乐、歌呗赞叹。"[1] 符合洞窟后室塑像和壁画的表现情节，这尊塑像可能是天龙八部中乾闼婆神奏乐供养佛陀的形象。

Le Coq referred to this statue as "Head of a Heavenly Deity" which was unearthed in Cave 77, a cave which featured primarily statues relating the tales of the Buddha's nirvana. From the height of the head, we can surmise the statue was about 2 meter high. The statue wore a resplendent head crown decorated with jewels. The curly-bundled hair above the brow was central-parting, combed backward through ornaments to form a crescent decoration. The arched eyebrows, the slightly cocking-up mouth corners, and the white complexion gave the impression of a woman with elegant and demure temperament, which was quite

---

1 《大般涅槃经》,《大正藏》（ T.01 No.0007), 页 199 a14–a20。

different from other figures in the same cave. It was surmised to be Gandharva, the Deity of Music who stood around the Buddha' head position at his nirvana in the rear chamber. On the upper and top parts of the rear walls were murals with deva musicians depicted in them, which formed a grand scene of people gathering to worship and make offerings. In the *Mahayana Mahāparinirvāṇa Sūtra*, there stated: "At that time, the twin-trees suddenly bloomed and the flowers fell onto the Buddha who asked Ānanda, 'Don't you see that trees untimely bloom to make offerings to me?' Ānanda replied, 'Oh, yes! It's so unusual! I see it.' At that time, all devas and nagas water from the sky all the wonderful flowers, like Mandala flower, Maha Mandala flower, Mañjusaka flower, Maha Mañjusaka flower and have them scattered and scents like the ox-head sandalwood spread on the Buddha, accompanied by deva music, hymns and paeans," which corresponds to what is represented in the rear chamber of the cave and in the murals. This statue could be the image of Gandharva playing music while making offering to the Buddha.

I.07 听法金刚头像 (Head of a Dharma-Listening Vajra Warrior)

约3–5世纪（about 3–5 CE）
泥塑（painted clay）27 cm
新疆克孜尔石窟寺77窟出土（德称：塑像群窟）
Unearthed in Cave 77 of Kizil Cave Temples, Xinjiang（German Reference："Cave of the Statues"）
德国柏林亚洲艺术馆藏（IB7882）Berlin Museum of Asian Arts Collection（IB7882）

这尊塑像勒柯克考察称"菩萨头像"，我推测是一尊"金刚像"。此像像身已毁。脸部呈圆形，眉毛和眼睛用黑色勾勒，蝌蚪形的胡须。卷曲的棕黑色头发，头上戴一个左右像花翼的冠，冠华丽，花翼饰物上有两圈镶嵌着许多的小宝石。头略向上仰，眼睛朝右上方看，可能右上方原来塑有一尊说法的坐佛，推测这尊塑像可能是听法金刚像。比较同一洞窟的壁画"听法金刚像"，这幅壁画在主室东壁一幅佛游化说法图的左下角，一手持金刚，一手持麈尾。[1] 头略往上仰听佛说法。壁画与泥塑的听法金刚像有很多相似之处，脸形呈圆形，皮肤颜色为棕红色，眼睛的神态，弯弯的眉毛，蝌蚪形的胡须都很相似，只是冠上的花翼代替双鸟翼，也可能与另一尊图 I.13 菩萨头像为一组塑像，二者坐在说法佛的左右。

Le Coq referred to this statue as "Head of a Bodhisattva," but I surmise it was a vajra warrior statue. Its body was damaged, and its eyebrows and eyes were outlined in black and the beard was in tadpole shape. On the brown-black curled hairs there wore a floral-winged crown which was resplendent with two rings of small jewels decorated on them. Its head slightly threw back with eyes looking upward to the right where a preaching seated Buddha had probably been originally placed. I realize that this statue was very likely a statue of Dharma-Listening Vajra Warrior. Comparing to the "Dharma-Listening Vajra Warrior" mural in the same cave, which was placed at the left corner of the mural on the east wall of the main chamber, "Buddha on His Preach and Conversion Journey" in which the Buddha held in one hand a vajra club and in other a hossu. The dharma-listening vajra warrior of the statue and that in the mural, both with head slightly elevate to listen to the Buddha

---

1 《中国石窟—克孜尔石窟》三，北京：文物出版社，1997 年，页 191。

preaching, were very similar: eye expression, crescent eyebrows, tadpole-shaped beard all look alike, except the floral wings were represented by bird wings. It was probably one of the statues grouped with Plate I.13 "Head of a Bodhisattva." The two statues were seated on the two sides of the Buddha.

I.08 婆罗门人头像 (Head of a Brahmin)

约4-6世纪（about 4-6 CE）
泥塑（painted clay）8 cm
新疆克孜尔石窟寺229窟出土（德称：三区最后一窟）
Unearthed in Cave 229 of Kizil Cave Temples，Xinjiang（German Reference："Last cave in the Third Region"）
德国柏林亚洲艺术馆藏（IB7888）Berlin Museum of Asian Arts Collection（IB7888）

　　这是一个小型的婆罗门人头像，头像虽有损坏，脸部特征仍能判断出，这一类型的造像是古希腊罗马传说中森林之神萨蒂尔的形象的发展。[1] 根据勒柯克当时的记录，头发和胡须是蓝色的，眉毛和瞳孔是黑色的，脸部是白色的，然而大部分颜色已经脱落，嘴唇是大红色的。从现存头像分析，脸部和额头仍明显保留塑造的结构，头发和胡须像是雕塑家随意用手指画出来，看出一种娴熟的塑造技巧。婆罗门在印度四大种姓中是第一等的。在佛教中婆罗门为修行人，《长阿含经》卷第六记载"佛言：'婆罗门今在我法中出家为道，诸婆罗门得无嫌责汝耶？'答曰：'唯然，蒙佛大恩，出家修道，实自为彼诸婆罗门所见嫌责'"[2]，这是佛在舍卫国清信园林鹿母讲堂说法。这尊塑像可能是婆罗门听法图。

　　This is a mini head piece of a Brahmin. Although it was damaged, the traits of the facial part were still discernible and could be identified as a development from the image of the ancient Greco-Roman god of the forest, Satyr. According to Le Coq's record, the color of its hair and beard was blue, its eyebrows and pupils black, and its face white; however, most of the colors had faded or fallen off while its lips were still in bright red. The face and brow revealed a sculptural structure—the hair and beard were painted at will by the sculptor, which exhibited a skillful sculpting technique. The Brahmin was the leading caste in India. Brahmins in Buddhism were regarded as spiritual practitioners. This statue could be a Brahmin listening to the dharma.

1　Le Coq, p. 23. 管平、巫新华，页32。
2　《长阿含经》（T. 01 No. 0001），卷6，《大正藏》，页36 c11-c14。

I.09 婆罗门人头像 (Head of a Brahmin)

约4–6世纪（about 4–6 CE）
泥塑（painted clay）9 cm
新疆克孜尔石窟寺8窟下方洞窟出土（德称：十六佩剑者窟下方洞窟）
Unearthed in the cave below Cave 8 of Kizil Cave Temples, Xinjiang（German Reference："Cave below the Sixteen Sword Bearers Cave"）
德国柏林亚洲艺术馆藏（IB7890）Berlin Museum of Asian Arts Collection（IB7890）

这是一个小型的婆罗门人头像，头发梳至头顶盘绕扎起，丰满的络腮胡须至两侧耳部，头发和胡须是深棕色的，面部颜色是肉白色，眉毛和眼球用黑色勾勒。眼睛向左上方看，推测周围有一组塑像，形成完整的故事情节。勒柯克认为这尊婆罗门人像是从罗马神话传说中的主神朱庇特的形象发展而来，[1] 这个形象的样式在克孜尔石窟寺壁画中多有出现，在 224 窟主室前壁西侧的"婆罗门与金刚像"，壁画中婆罗门形象与该塑像婆罗门形象十分相似，也说明与早期龟兹佛教盛行一切有部学说有关，唐玄奘《大唐西域记》："屈支国……习学小乘教说一切有部"。[2] 在《长阿含经》《杂阿含经》都有婆罗门听佛说法的记载，塑像与壁画也证明龟兹是盛行小乘佛教的。

This is a mini head piece of a Brahmin. Its hair was combed toward the top and got bundled up; its rich beard extended to the ears on two sides; the hair and the beard were deep brown-colored, while the face was flesh white-colored; its eyebrows and pupils were outlined in black. The eyes looked up to the left, which directed us to surmise there was a group of statues around, telling the full plot of a story. Le Coq thought that this Brahmin statue was made after the image of Jupiter, the main god in Roman mythology. Such a style appeared frequently in the murals of the Kizil Cave Temples. On the westside of the front wall in the main chamber of Cave 224, there was a mural of "Brahmin and Vajra Warrior," in which the image of Brahmin very much resembled the image of the Brahmin statue, which indicated that the flourish of early Qiuci Buddhism was related to the Sarvāstivāda school.

1 Le Coq, p. 23. 管平、巫新华，页 32。
2 《大唐西域记》（T. 51 No. 2087），卷 1，《大正藏》，页 870 a17–a27。

I.10 密迹金刚头像 (Head of a Guhyapāda)

约4–6世纪（about 4–6 CE）
泥塑（painted clay）21 cm
新疆克孜尔石窟寺出土（德称：最晚寺庙中第二室）
Unearthed in Kizil Cave Temples，Xinjiang（German Reference ："the Second Chamber of the Latest Cave Temple"）
德国柏林亚洲艺术馆藏（IB7893）Berlin Museum of Asian Arts Collection（IB7893）

从众多佛经的记载看，密迹金刚是从夜叉衍化而来的，是佛的守护神。在另一部经典《大宝积经》中也有这样一则故事，过去有勇郡转轮圣王，有千个太子及法意、法念二王子，法意曾发誓言，若四千个太子能成佛，就去充当金刚力士，并亲近佛，闻佛秘要密迹之事。[1]因此，密迹金刚力士与法意王子的地位相当。

塑像面型为圆形，眼睛望向上方，面带微笑露出上齿，给人一种特别的印象，脸部有一层白色。头发是蓝色的并且是卷曲排列的，瞳孔、眼睛和眉毛是黑色，戴着一顶独特的白色三角形小帽。[2]这里描述的三角形小帽应该是密迹金刚头戴尖角方冠。头发卷曲排列、蝌蚪形胡须仍带有犍陀罗风格。在同期洞窟的壁画"说法图"中有很多描绘头戴尖角方冠的密迹金刚力士或头戴狮头冠金刚力士。这尊塑像应为听佛说法的密迹金刚。

According to the records of various sutras, Guhyapāda, the guardian deity of the Buddha, evolved from Yakṣa. In another scripture, the *Mahāratnakūṭa Sūtra*, there was a similar tale: In the past, there was a Chakravartin in the Yong County who had a thousand princes, two of them named Fayi and Fanian. The former had sworn, "If four thousand can become buddhas, I will serve as a vajra warrior attendant of the Buddha to learn about the arcane secrets and tracks of the Buddha." In that sense, the Guhyapāda and the Prince Fayi were status-wise the same.

The statue had a round face with two eyes looking upward and a smiling face showing upper teeth, giving people a peculiar impression. The facial part had a white layer. The hair was blue with curls neatly arranged; the pupils, eyes

1　《大宝积经》（T. 11 No. 0310），卷9，《大正藏》，页52 c19–c23。
2　Le Coq, p. 24. 管平、巫新华，页34。

and eyebrows were black, wearing a unique white triangular cap which should be the Guhyapada's taper-angled square cap. The neatly arranged curled hair and the tadpole-shaped beard revealed the Gandharan style. In the "Dharma-Preaching" mural of the cave of the same period there are many Guhyapādas wearing taper-angled square cap or vajra warriors wearing lion-head crown. This statue should be the Guhyapāda listening to the Buddha preaching.

I.11 供养天神头像 (Head of an Offering-Making Deity)

约3–5世纪（about 3–5 CE）
泥塑（painted clay）26 cm
新疆克孜尔石窟寺77窟出土（德称：塑像群窟）
Unearthed in Cave 77 of Kizil Cave Temples, Xinjiang（German Reference："Cave of the Statues"）
德国柏林亚洲艺术馆藏（IB7894）Berlin Museum of Asian Arts Collection（IB7894）

这尊塑像的发型与同洞窟菩萨发型一样，以中线左右对称卷曲，颜色是棕红色。头戴高冠束，束发穿过饰物，形成半月形的装饰。面型为蛋圆形，额部饱满，看上去很年轻。鼻子被修补过，眉呈月牙弯曲用黑线勾勒，嘴角刻画面带微笑。脸部颜色着深肉色，双眼向前平视，整个面部表情端庄慈祥，也许是一尊菩萨像。这尊塑像最特别的地方是束发样式受犍陀罗菩萨像的影响，而面部是汉人的样貌。它呈现一种跨文化艺术的表达方式，从77窟出土的其他塑像尺寸看，可能是有一组塑像，包括：菩萨像、金刚力士，也许是一组听法图。

The hair style of this statue looks similar to that of the bodhisattvas in the same cave, with brown curls parted in the middle. It wears a high crown with a bundled hair passing through a hair ornament to form a crescent-shaped decoration. Its face is oval-shaped with a full brow, which gives the impression of a youth. Its nose appears to have been mended; eyebrows outlined in crescent shape; mouth corners carrying a smile; deep flesh-colored face with two eyes looking forward at eye level, giving a dignified and kind expression, like that of a bodhisattva. The most particular about this statue is that its bundled hair style appears to have been influenced by the image of Gandharan bodhisattva while its face carries the countenance of the Han people, which reveals a cross-cultural art form. From the size of other statues unearthed from Cave 77, it could be one of the group statues which include bodhisattvas and vajra warriors, perhaps a "Dharma-Listening" group.

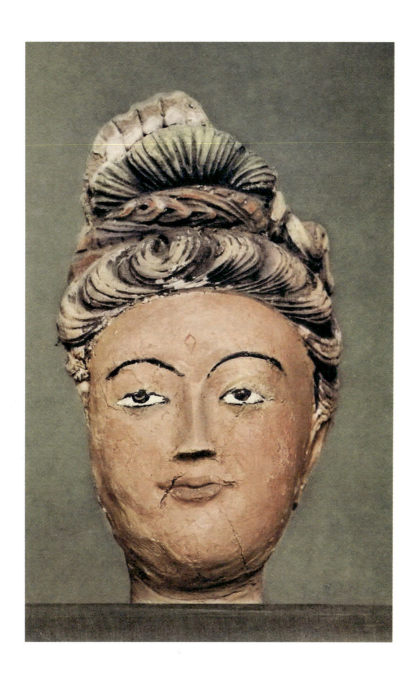

I.12 菩萨头像 (Head of a Bodhisattva)

约3-5世纪（about 3-5 CE）
泥塑（painted clay）38 cm
新疆克孜尔石窟寺77窟出土（德称：塑像群窟）
Unearthed in Cave 77 of Kizil Cave Temples, Xinjiang（German Reference："Cave of the Statues"）
德国柏林亚洲艺术馆藏（IB7918）Berlin Museum of Asian Arts Collection（IB7918）

塑像头高38厘米，在同一洞窟出土的几尊主像与其尺寸相同，也许是站在后室释迦涅槃台两侧，可能属于供养菩萨、供养天人系列。这些塑像与后室壁画组成共同场景，即涅槃会众、散花和伎乐天，供养菩萨和伎乐菩萨。众多的神围绕释迦周围，代表了涅槃经中描述集合在释迦入灭场合中的诸神。释迦对阿难说"十方世界之众神为面见修行完成者齐聚于此……"[1]涅槃图中这种天人赞叹的图像，也许在77窟中得到了发扬。

这尊塑像面型为圆形，额部饱满，面部皮肤为浅肉色，细长的眉毛和眼睛用黑色勾勒。两嘴角处有小窝，嘴唇用红色描绘，眼向前平视，给人一种特有的祥和印象。头发对称卷曲，梳向后方，头顶有绞环式花冠，束发穿过饰物垂下，带有犍陀罗菩萨束发风格。面部神态刻画仍不失龟兹风格。

The figure is 38 cm high, the same as some of the main statues unearthed in the same cave. Probably they were those bodhisattvas standing on the two sides of the Buddha's nirvana couch in the rear chamber, who very likely belonged to the series of offering-making bodhisattvas and offering-making deities. These statues and the murals in the rear chamber together formed a scene of "nirvana gathering of flower-scattering [heavenly maidens], deva musicians, offering-making bodhisattvas and deva musician bodhisattvas." These deities surrounding the Buddha represented the gathering of all deities on the occasion of the Buddha's nirvana as described in the Nirvana Sutra. The Buddha said to Ānanda, "all deities from all over the world gathered together here to meet the enlightened Buddha…" Such a hymning scene of the devas at Nirvana may have got more well-known because of Cave 77.

This statue has a round face, a full brow, light flesh-colored facial skin, long

---

1　宫治昭：《涅槃和弥勒的图像学》注66，页118。

slender eye-brows and eyes outlined in black. There was a dimple at the two corners of the mouth and the lips were shaped in red, the eyes looking forward, giving a unique impression of auspicious peacefulness. Its hair which was combed backward was symmetrically curled. There was a twisted ring type floral crown with the bundled hair pass through an ornament drooping down, which revealed a bundled hair style characteristic of the Gandharan bodhisattva. Its facial portrayal was very much the Qiuci style.

I.13 菩萨头像（Head of a Bodhisattva）

约3—5世纪（about 3—5 CE）
泥塑（painted clay）25 cm
新疆克孜尔石窟寺77窟出土（德称：塑像群窟）
Unearthed in Cave 77 of Kizil Cave Temples, Xinjiang（German Reference： "Cave of the Statues"）
德国柏林亚洲艺术馆藏（IB7917）Berlin Museum of Asian Arts Collection（IB7917）

77窟属中心柱窟，前室坍塌，中心柱左右侧壁有龛，原来有像，约1米高。中心柱后壁有一人高的像龛，原来可能有一坐佛或弥勒说法像，龛眉上可能塑有山峦、树木等影壁。

这尊头像保存完好，面型是圆形，蝌蚪型胡须，眼睛和眉毛用黑色勾勒，眼睛刻画望向左上方，推测与望向右上方的金刚头像（图I.07）是一组塑像，两像尺寸相当，面部呈棕红色。安放的位置很可能是在中心柱后壁龛的左右，两像中间龛内是佛说法像，与其相对的是释迦涅槃大像，后室部分集中描绘表现佛涅槃前后的场景。与同期洞窟壁画比较，中心柱后壁的一组塑像可能表现的是因缘类佛传故事。塑像发型和头冠保留完好，与图I.01"菩萨头像"的头冠很相似。头顶有绞环式花冠，束发卷起，从右侧穿过莲花瓣式的饰物垂下，这种束发样式是受到犍陀罗弥勒菩萨形象的影响。但是，从塑像的面部表情神态，塑造和绘色仍表现出龟兹风格。

Cave 77 is a central pillar cave. Its front chamber was collapsed. There were niches on the two side walls of the central pillar, each of them originally housed a meter-high statue. At the back wall of the central pillar there was a 6 feet high niched statue. Probably there used to have a statue of a seated Buddha or a Maitreya Bodhisattva preaching; shadow walls of mountains and trees might have been carved on the niche brow.

This head piece is well-preserved. It has a round face with a tadpole-shaped beard; its eyes and eyebrows are outlined in black. Its eyes look upward to the left, probably a counterpart of the "Head of a Dharma-Listening Vajra Warrior" (Plate I.07) which is similar in size with eyes looking upward to the right; both faces are brown-red colored. They were probably placed on the two sides of the rear wall niche behind the central pillar. In between in the middle of the niche was the statue of Buddha preaching, which corresponds to the large statue of the Buddha at nirvana. In the rear chamber, part of the portrayal focused on scenes before and after the Buddha's nirvana. Comparing to the cave murals of the same period, one of the group statues at the rear wall of the central pillar appears to represent the Buddhist tales. The hairstyle of the statue and head crown are well-preserved, very similar to the head crown of "Head of a Bodhisattva" (Plate I.01). On top of its head there is a twisted ring type crown, with hair bundled up from the right to pass through a lotus petal-shaped ornament, drooping down. Such a bundled hair style is influenced by the image of Gandharan Maitreya Bodhisattva. However, as the facial expression and manner reveal, the sculpting and coloring style is very much the Qiuci's.

I.14 菩萨头像 (Head of a Bodhisattva)

约3–5世纪（about 3–5 CE）
泥塑（painted clay）38 cm
新疆克孜尔石窟寺77窟出土（德称："塑像群窟"）
Unearthed in Cave 77 of Kizil Cave Temples，Xinjiang（German Reference："Cave of the Statues"）
德国柏林亚洲艺术馆藏（IB7920）Berlin Museum of Asian Arts Collection（IB7920）

作品出土于克孜尔石窟寺 77 窟，德国人称"塑像群窟"。头像高 38 厘米，双目朝下看，应该是站在该窟后室甬道或涅槃床的右侧。束发式发型用一个莲花瓣大饰物将头发扎起，束发穿过饰物垂下，形成半月形的装饰，这种束发样式是受到犍陀罗弥勒菩萨像的影响。有学者提出犍陀罗弥勒菩萨束发的形式也许来源于希腊、罗马，似阿波罗和阿芙洛狄忒雕像上那样的束发。[1] 额上头发呈 S 样式均等排列。眉间白毫相，唇上胡须如蝌蚪形，这是根据《佛说观佛三昧海经》提到观佛修三法。[2] 这件作品是塑造和绘色结合，眼帘、胡须、弯眉、均以线描勾勒，它呈现一种跨文化艺术的表达方式，龟兹区域文化主流在吸收外来文化时，仍不失龟兹风格。

The head piece was unearthed in Cave 77 of the Kizil Cave Temples. It is 38 cm high, with eyes looking down, probably standing at the corridor of the back chamber in the cave or on the right side of the nirvana couch. His hair is bundled up with a lotus-shaped hairpin through which the hair droops to form a half-moon shaped décor which shows the influence of the Gandharan image of Maitreya. Some scholars said that the hairstyle probably originated from Greco-Rome as seen on the statues of Apollo and Aphrodite. His brow hair is arranged evenly in S-shaped style. Between the eyebrows, there is a white Buddha sign. His moustache is tadpole-shaped. All these accord to the Buddhist scripture in concern. This piece of statue combines the techniques of sculpting and coloring with the eyes, beard and the curved eyebrows clearly outlined, revealing a cross-cultural artistic style characteristic of the unique Qiuci style.

1　见宫治昭:《涅槃和弥勒的图像学》注5，页263。
2　《佛说观佛三昧海经》（T. 15 No. 0643），《大正藏》，页 647 a07–a11。

I.15 戴小白帽的男人头像 (Head of a Man Wearing a Small White Flat Cap)

约4–6世纪（about 4–6 CE）
泥塑（painted clay）18 cm
新疆克孜尔石窟寺出土（德称：最晚寺庙中第二室）
Unearthed in Kizil Cave Temples, Xinjiang（German Reference："The Second Chamber of the Latest Cave Temple"）
德国柏林亚洲艺术馆藏（IB7930）Berlin Museum of Asian Arts Collection（IB7930）

这尊头像因出土时头戴小白帽而由此得名。额头顶部正上方发型是横 8 字样式，左右对称卷曲，发型与图 I.07 卷发相似，是受到犍陀罗艺术风格影响。胡须为八字形，而非蝌蚪形，眼睛望向右上方。勒柯克这样描述："皮肤的颜色是带灰色基调的肉色，头发、胡子、眼睑、眉毛和瞳孔都是黑色的……头后方的白色小圆帽子从前面看不到。它通过两条环绕外檐的刻线表现出来，这与今天当地穆斯林在缠头巾下所戴的小便帽很相似。"[1] 这一描述提醒我们在佛传故事中，有一商主带领五百商客入大海寻宝，行前发誓，如能平安归来，当以一半珠宝奉献佛祖。商主没有兑现承诺，得到佛的惩罚。后来"佛为说法悭贪过恶。心开意解，更取宝珠，散佛顶上，于虚空中，变成宝盖"[2]。克孜尔 80 窟菱格形壁画"五百商客入海采宝"图是根据这一经典，描绘一商人，头戴白帽，手捧珠宝盒奉献佛祖。推测这尊头戴白帽的可能是入海采宝的商主，向佛祖奉献珠宝，他的右上方是一尊说法的坐佛。

This head piece was known for the small white cap it wore when unearthed. Its hairstyle on top of the brow was a ∞ shape flanked by symmetrically curled hair, a style similar to that in Plate I.07 which was influenced by the Gandharan art style. Its beard was splay-shaped instead of tadpole-shaped; its eyes looked upward to the right. Le Coq described: "Its skin was flesh-colored with a grey tone; its hair, beard, eye-lids, eyebrows and pupils were in black……the small white cap was not visible from the front. It was represented by two carved lines surrounding the exterior eaves, which was similar to the small cap worn under the Muslim turban."

1　Le Coq, p. 24. 管平、巫新华，页 33。
2　《撰集百缘经》（T. 04 No. 0200），卷 1，《大正藏》，页 204 c21–c22。

Such a description reminds us of a Buddhist tale in which it describes that there was a contractor merchant leading five hundred merchants to hunt for treasures in the sea. Before departure, he swore that if they returned safe and sound, he would make offer half of found jewels to the Buddha. He did not fulfil his promise and was punished by the Buddha. Afterwards, "The Buddha preached him the evilness of stinginess and greed, which enlightened him to the extent that he scattered the jewels on top of the Buddha; the jewels turned to a treasure cover in the air." The diamond-shaped mural painting *Five Hundred Merchants Hunting for Treasures in the Sea* in Cave 80 of the Kizil Cave Temples is based on this scripture. I surmise this white flat-capped head piece is probably that of the treasure-hunting contractor merchant who was making offer to the Buddha; above him to his right was the statue of a preaching seated Buddha.

I.16 戴狮头皮冠的金刚力士 (A Vajra Warrior Wearing a Lion-Head Leather Crown)

约4–6世纪（about 4–6 CE）
泥塑（painted clay）21 cm
新疆克孜尔石窟寺219窟出土（德称 : 最晚洞窟的后室）
Unearthed in Cave 219 of Kizil Cave Temples, Xinjiang（German Reference : "The Rear Chamber of the Latest Found Cave"）
德国柏林亚洲艺术馆藏（IB7932）Berlin Museum of Asian Arts Collection（IB7932）

这尊塑像头戴狮头皮冠，西域的佛教艺术中金刚力士的造像很丰富，特别是龟兹石窟塑像与壁画的金刚力士表现丰富。赫拉克勒斯是希腊罗马传说中最著名的英雄，他的形象是手持木棒和狮子皮。在佛教艺术发展过程中，海格立斯的造型不断发生变化，大约 2–3 世纪，出现了头戴狮头皮冠、手持金刚杵的造型。[1] 这个形象在犍陀罗流行，传播至西域。

克孜尔这尊头戴狮头皮冠的金刚力士像，面部有一层白色，眼睛望向上方，面带微笑露出上齿，眼睛和眉毛用黑色勾勒，蝌蚪形胡须仍带有犍陀罗风格。在同期洞窟的壁画"说法图"中很多都有描绘头戴尖角方冠的密迹金刚力士或头戴狮头冠金刚力士。这尊塑像头戴狮头皮冠应为听佛说法的金刚力士。

This statue wore a lion-head leather crown. The image of the vajra warrior in Buddhist art of the Western region was richly represented, especially those in the statues and murals of the Qiuci caves. Around the second and third centuries, the image wearing a lion-head leather crown and holding a vajra club appeared and got popular in Gandhara and later in the Western regions.

The face of this statue of vajra warrior wearing lion-head leather crown from Kizil had a layer of white color. Its eyes and eyebrows were outlined in black and its tadpole beard still carried the Gandharan style. We found in the "Dharma-Preaching" mural in the caves of the same period there were plenty Guhyapādas wearing taper-angled square crown and vajra warriors wearing lion-head crown. This statue should be one of the vajra warriors listening the Buddha preaching.

1　霍旭初 :《考释与辨析——西域佛教文化论稿》，乌鲁木齐 : 新疆摄影出版社，2002，页 161。

I.17 悲哀者头像 (Head of a Griever)

约4-6世纪（about 4-6 CE）
泥塑（painted clay）22.5 cm
新疆克孜尔石窟寺77窟出土（德称："塑像群窟"）
Unearthed in Cave 77 of Kizil Cave Temples, Xinjiang（German Reference："Cave of the Statues"）
德国柏林亚洲艺术馆藏（IB7933）Berlin Museum of Asian Arts Collection（IB7933）

这是一尊悲哀者头像。很可能是来自于为表现对释迦之死而悲哀不已的雕塑群像的一部分，值得注意的是这个头像上的伤痕，这个伤痕是通过额头的肤色表现出来的，在额头上有很多血从脸部的左侧往下流淌着。[1]披头散发，额上有两条深的抬头纹，是强调悲伤者的情绪。头发是黑色的，脸部原来的颜色棕肉色，眼睛和眉毛是黑色勾勒。根据涅槃经记载，在释迦入灭前阿难通知了拘尸那揭罗的居民末罗族人。实际上，入灭后为释迦举办葬礼的就是末罗族人，听了阿难的通告，末罗族人……都悲伤地来到婆罗林中。[2]这尊塑像应该是世俗的末罗族人，属于为佛陀涅槃而极度悲哀的一组人物形象中的其中一位。

This is the head piece of a griever, probably a part from one of the statues which represented the group of people who grieved incessantly at the Buddha's nirvana. What worth our attention is the scar on the head piece, which is represented by means of the flesh color on the brow from where plenty of blood flowing down from the left side of the face. Hair unkempt and disheveled with two deep wrinkles on the forehead enhanced the griever's sentiment. Its hair is black, the original color of the face is brown-flesh, eyes and eyebrows are outlined in black. According to what was recorded in the *Nirvana Sutra*, before the Buddha entered Nirvana, Ānanda informed the citizens of Kuśi-nagara the Mallas who altogether came to the Poluolin sadly. This head piece should belong to an ordinary Mallas who was one of deep grievers at the Buddha's nirvana.

---

1 Le Coq, p. 23. 管平、巫新华，页 31。
2 宫治昭著，李萍、张清涛译：《涅槃和弥勒的图像学》（北京：文物出版社）2009 年，页 98。

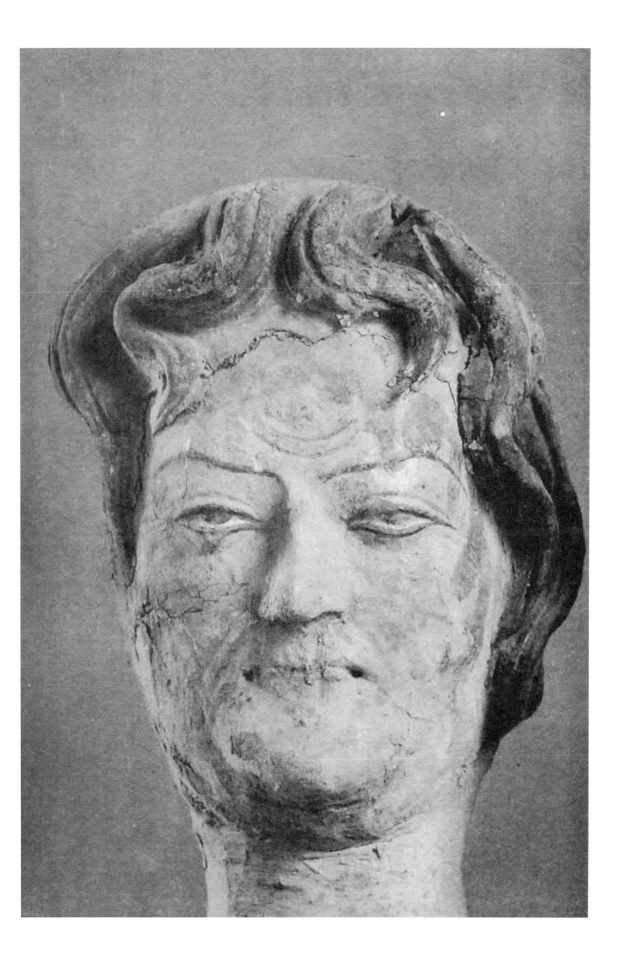

I.18 金刚力士头像 (Head of a Vajra Warrior)

约4–6世纪（about 4–6 CE）
泥塑（painted clay）19 cm
新疆克孜尔石窟寺出土（德称：三号洞窟倒数第二室）
Unearthed in the Kizil Cave Temples，Xinjiang（German Reference："The Last but One Chamber of Cave 3"）
德国柏林亚洲艺术馆藏（IB7935）Berlin Museum of Asian Arts Collection（IB7935）

这尊塑像看起来是一位健壮的男子，头扭向右方，卷曲的发型与克孜尔其他洞窟的金刚力士一样，是受到犍陀罗艺术风格的影响。露出的上齿，与图 I.10 和图 I.16 的金刚力士像上齿露出一样，再看 77 窟壁画，一个坐在佛右下方的金刚力士就是露出上齿，[1] 推测这尊塑像可能是金刚力士。头顶上原本可能是戴着头冠，出土时已经毁坏。脸部是棕色的肤色，头发、眉毛、眼睑、瞳孔和几乎很难辨认的小胡子的残余部分是黑色的。[2] 眉头微皱，突出眉额间的肌肉。

金刚力士形象在龟兹石窟壁画中被广泛表现。特别在中心柱洞窟的壁画中，有头戴尖角方冠的密迹金刚力士、头戴狮头皮冠的金刚力士和头戴大珠冠的金刚力士。唯有一点他们的形象都是一样的，就是上齿露出。

This statue appears to be a strong man with his head turning to the right. Its curled hair style, like that of the vajra warriors in other Kizil Cave Temples, shows the influence of Gandharan art style. Its exposed upper teeth resemble that of the vajra warriors in Plate I.10 and I.16. If we look again at the mural of Cave 77, we find the vajra warrior seated to the Buddha's right below also has his teeth exposed. I thereby surmise that this statue is a vajra warrior. Originally it probably wore a head crown which when unearthed got damaged. Its face was brown-flesh colored; its hair, eyebrow, eyelids, eye pupils and the hardly visible remains of the whisker were black. Its slightly wrinkled brow enhanced the skin between the eyes and the forehead.

1　《克孜尔石窟》三，图 191。
2　Le Coq, p. 24.　管平、巫新华，页 33。

I.19 供养天人躯干像 (Torso of an Offering-Making Deity)

约3–5世纪（about 3–5 CE）
泥塑（painted clay）65 cm
新疆克孜尔石窟寺77窟出土（德称：塑像群窟）
Unearthed in Cave 77 of Kizil Cave Temples，Xinjiang（German Reference ："Cave of the Statues"）
德国柏林亚洲艺术馆藏（IB8184）Berlin Museum of Asian Arts Collection（IB8184）

这尊立像大约是 1.2 米，可能是站立在甬道外侧像台上的一尊立像。洞窟的构造与中心柱窟相同。甬道左右外侧直通后室，沿墙有像台，德国考察队清理时还有塑像的下半身保留在像台上。

这件塑像裸露的上半身，齐腰的皱褶下裙，是受到犍陀罗菩萨像的影响。璎珞环绕穿戴在上身，可以看出原来围绕肚脐一圈的璎珞现在已经脱落，肚脐和胸窝处是莲纹图案的花朵装饰，这种花朵图案装饰在龟兹菩萨天人像中多有表现。腹部腰肌的塑造使我们联想到维纳斯柔韧的腰肢，带有一种脱俗超凡的成熟美。勒柯克这样描述："带着褐色的紫色长裙（配有绿色的衬里）缠绕在腰际，衣角在腰际的右侧构成一个弓形，并且向前呈褶皱状往下垂着。"这种褶皱呈 U 形在两腿部重复勾勒，紧贴肌肤，这是犍陀罗艺术风格的直接借鉴，在龟兹得到发展并形成龟兹风格。

This standing statue is about 1.2 meter high, probably one of those statues standing on the side platform outside the paved path. The structure of the cave is the same as that of the central pillar cave. The two sides of the paved path lead directly to the rear chamber; along the walls there are platforms for statues. When the German Expedition Team cleaned up the cave, there were still some statue torsos left on the platforms.

The naked upper half of this standing statue with a waist-high pleated skirt was influenced by the Gandharan bodhisattva. Wearing around the upper part of the body were wreaths of jade and pearls. We can see that those wreaths originally worn around the belly part had fallen off. The chest and the belly were decorated with lotus-patterned floral ornament which was often found on the statues of bodhisattva deva in Qiuci.

The treatment of the abdomen and waist make us associate with the supple waist of Venus, which carries an otherworldly beauty of maturity. Le Coq's description: "wrapped around the waist was a brown-purple long skirt with green lining, the end-ridge of the lower hem of the skirt on the right side of the waist formed a bow shape, showing pleats drooping down." Such pleats were repeated between the legs in a U shape against the skin. This is a direct borrowing from the Gandharan art style which developed in Qiuci and formed the Qiuci style.

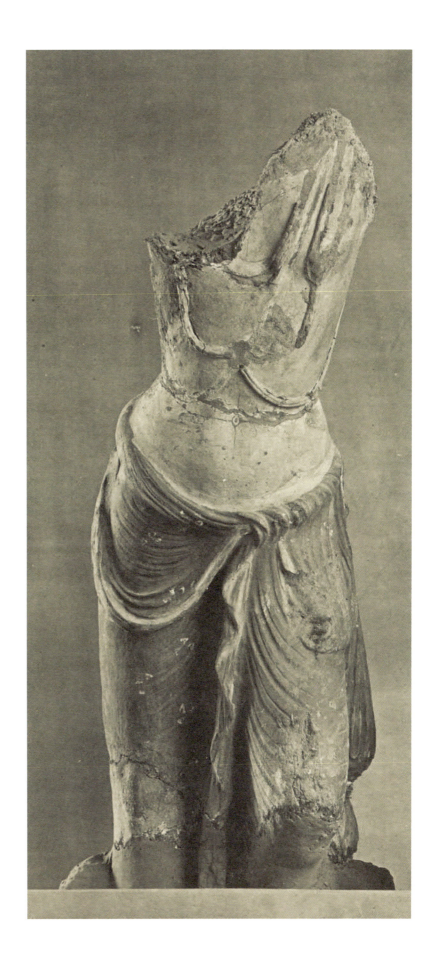

I.20 施佛燋木的贫人拔提 (Bati, the Poor Man who Offered Firewood to the Buddha)

约4-6世纪（about 4-6 CE）
泥塑（painted clay）47 cm
新疆克孜尔石窟寺出土（德称：三区）
Unearthed in the Kizil Cave Temples，Xinjiang（German Reference："Third Region"）
德国柏林亚洲艺术馆藏（IB8189）Berlin Museum of Asian Arts Collection（IB8189）

　　这尊塑像出自克孜尔三区一个奇特的小洞窟中，它是在寺中瓦砾里埋藏着的，探险队员把他命名为"Dhobi"（洗衣人）。皮肤是棕白色的，左肩上有一条看上去像是拧在一起的编织状的东西。[1] 此像双膝跪在地上，身后背着的东西已经损坏，双手于左肩拽住捆绑东西的一角，头斜向右上方。头发卷曲，戴一顶黑色的帽子。裸露的身体，穿着一件宽松的短裤。两条胳膊和大腿的肌肉刻画，给人的印象是一位劳动者的形象。我推测这尊塑像可能是施佛燋木的贫人拔提，在《撰集百缘经》卷三记载："佛在舍卫国祇树给孤独园，时彼城中有一贫人，名曰拔提，为他守园。用自存活，每于一日，担一燋木，入城欲卖。值城门中，见一化人，语贫人言：'汝今若能持此燋木，用与我者，我当施汝百味饮食。'时彼贫人，闻化人语，心怀欢喜，即便以木授与化人。化人答曰：'汝今持木，随我从来，共诣祇桓，当与汝食。'时彼贫人，即相随逐到祇桓中见佛世尊，三十二相，八十种好，光明普曜，如百千日，心怀欢喜，前礼佛足，即以燋木，奉施世尊。"[2] 这尊塑像可能表现的是故事中的贫人，小型陶制作品在克孜尔石窟中多有出土。

　　This statue was unearthed in a strange small cave. It was found buried in the rubbles of the temple. The expedition team named it "Dhobi" (washerman). Its skin was brown-white and its left shoulder had a plait-like thing. This statue had its two knees on the ground, the thing carried on his back was damaged. Its two hands dragged hold on its left shoulder a corner of the bound stuff, with its head slanting upward to the right. On top of the curled hair was a black cap. The naked body

---

1　Le Coq，vol. 5, p. 7.　管平、巫新华，页 349 页。
2　《撰集百缘经》卷三（二八），《大正藏》，页 215c-216a。

had a pair of loose shorts on. The depiction of the muscle of the two shoulders and legs gives us the impression of a laborer. I surmise this is a statue of the poor man Bati who offered firewood to the Buddha. It was recorded in the *Sutra of Collected Hundred Tales of Buddha Encounter*: "The Buddha was in the Jetavanavihāra of Śrāvastī where there was a poor man named Bati who took care of the Buddha's garden. For a living, he every day carried a bundle of firewood to sell in the city. At the city gate he met a deva-man who said, 'If you let me use your firewood, I will offer you all kinds of food and drink.' Bati upon hearing that was delighted and handed the firewood to the man who said, 'Take the firewood and follow me. We go to the Jetavanavihāra together and I will have the food for you.' Bati followed the deva-man to the Jetavanavihāra and saw the Buddha who... brightly shone like hundred thousand suns. Overwhelmed with joy he moved forward to bow at the Buddha' feet and offered the firewood to the World-Honored One." What this statue represents was probably the poor man in the tale. This kind of small pottery figure was found everywhere in the Kizil Cave Temples.

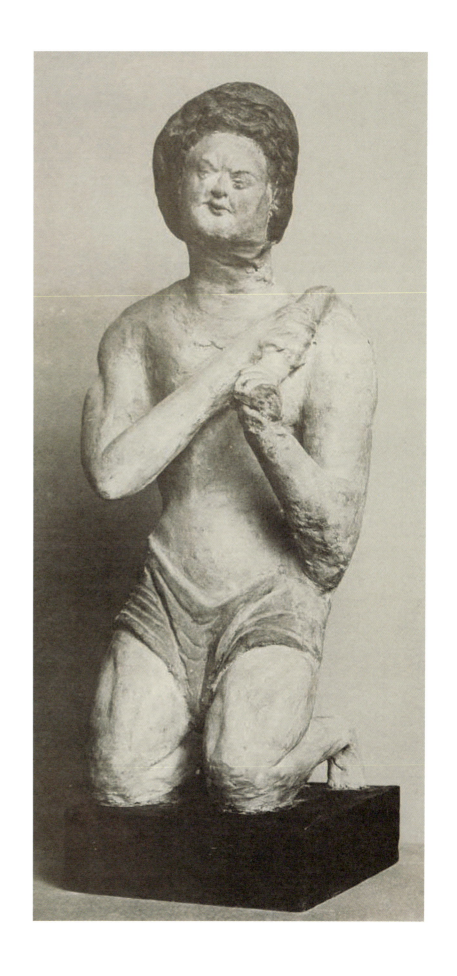

I.21 菩萨半身像 (Bust of a Bodhisattva)

约4—6世纪（about 4—6 CE）
泥塑（painted clay）50 cm
新疆克孜尔石窟寺219窟出土（德称：最晚洞窟的后室）
Unearthed in Cave 219 of Kizil Cave Temples，Xinjiang（German Reference："The Rear Chamber of the Latest Found Cave"）
德国柏林亚洲艺术馆藏（IB8200）Berlin Museum of Asian Arts Collection（IB8200）

这尊塑像虽然保留上半身，仍可看出原作品的精致。裸露的上身，璎珞围绕胸部从中间垂下，镶嵌着三朵莲纹图案的花朵，颈部有四层项圈装饰。华丽的披肩从身后颈上垂下，原来的设计应该是穿过两臂垂至地上。绞环式的花冠将束发盘卷，很特别的是垂在两肩的卷曲的披发。值得注意的是这种发型装束在龟兹、焉耆等地多有出现，卷曲的头发样式是受到犍陀罗菩萨像的影响。漂亮整齐的头发是蓝色的，这种蓝色卷曲的披发形象在克孜尔石窟壁画中多有表现，特别是佛传故事和弥勒说法中的菩萨形象。弯弯的眉毛、眼睛和蝌蚪形的胡须用黑色勾勒。很明显我们看到是来自犍陀罗艺术风格的影响，用线的勾勒，特别是胡须用笔勾勒的方法又表现出中原艺术风格。这使龟兹佛教艺术带有明显的地域风格，特别是菩萨、伎乐天的形象，形成龟兹艺术样式。

Even though this statue had only upper half preserved, we can still realize that the original is exquisite and delicate. The upper half is naked, wreaths of jade and pearls surrounding the chest drooped down from the middle, inlaid are three lotus-patterned flowers, the neck decorated with four layers of necklaces. A gorgeous shawl hanging down from the back of the neck, giving the impression that the original design was to have the shawls go through the arms down to the ground. A plaited floral crown coils up the bundled hair. What is particular is the disheveled hair hanging down the shoulders. What draws our attention is that this hair style was popular in Qiuci and Karasahr. Such a curled hair style is influenced by the image of Gandharan bodhisattva. The beautiful neatly combed hair is blue-colored. This image of blue disheveled curls is found in the murals of the Kizil Cave Temples,especially on the bodhisattva image while the Buddha telling tales and the Maitreya preaching dharma. The crescent-shaped eyebrows, eyes and tadpole-shaped beard are outlined in black. Evidently it came from the Gandharan art style; the outlining method, especially that of the beard at the same time represents the art style of ancient China. This results in rendering the Qiuci Buddhist art a unique regional style which is revealed in the images of bodhisattvas and deva musicians.

I.22 佛立像 (Standing Buddha)

约4–6世纪（about 4–6 CE）
陶塑（painted pottery）67 cm
新疆克孜尔石窟寺77窟出土（德称：塑像群窟）
Unearthed in Cave 77 of Kizil Cave Temples，Xinjiang（German Reference："Cave of the Statues"）
德国柏林亚洲艺术馆藏（IB8205）Berlin Museum of Asian Arts Collection（IB8205）

在克孜尔石窟寺是流行陶制塑像的，体积都不算大型。这尊塑像是在大量堆积的埋藏很深的瓦砾和雕像碎片堆中发现的，即在克孜尔像窟的内室地面堆积层里埋藏着。勒柯克称这塑像为"陶制趿履立僧"[1]。这尊塑像身着袈裟，衣纹线条的刻画贴身呈 U 形，有一种出水之感。外袍呈朱砂色，领口和衣袍下摆是绿色。头顶肉髻有损坏的痕迹，看来不像剃发的僧人。眉毛、眼线和胡须墨色勾勒。也许原来有一组立佛像。这个洞窟为中心柱型，前室大像，后室大涅槃像，应该与涅槃故事有关。

In Kizil Cave Temples small size pottery statues were popular. This statue was discovered amidst a huge pile of rubbles and remnants on the floor of the inner chamber of the Kizil Cave Temples. Le Coq called it "A Slipshod Standing Monk." This statue wore a kāṣāya which shows a U-shaped clothes line, giving a wet-look impression. The cassock was in vermilion while its neckline and lower hem were in green. Its eyebrow, eyelash and moustache were outlined in black. It is likely that there had been a group of standing Buddha statues. This is a central pillar cave with large statues in the front chamber and a large nirvana statue in the rear chamber, which should be related to the nirvana tales. However, the statue with traces of damage on its uṣṇīṣa does not look like a tonsured monk. This is a central pillar cave with large statues in the front chamber and a large nirvana statue in the rear chamber, which should be related to the nirvana tales.

1　Le Coq, vol. 5, p. 7.

I.23 佛立像 (Standing Buddha)

约3-5世纪（about 3-5 CE）
泥塑（painted clay）80 cm
新疆克孜尔石窟寺77窟出土（德称：塑像群窟）
Unearthed in Cave 77 of Kizil Cave Temples，Xinjiang（German Reference："Cave of the Statues"）
德国柏林亚洲艺术馆藏（IB427）Berlin Museum of Asian Arts Collection（IB427）

从出土材料看77窟是以塑像为主的洞窟，结合壁画营造释迦涅槃的场景。东西甬道外侧壁，沿墙有像台，德国考察队清理时还有塑像的下半身保留在像台上，现在这些塑像已不存在了。这尊佛立像上半身毁坏，从保存下来的部分看，佛像身躯壮实，肌肉丰满。袈裟左右垂下，至膝盖以下呈 U 字形的襞褶，这些襞褶是凸起的线条。右下角的衣裙略有飘动，内衣裙层层叠叠的襞褶表现出袈裟的质感。从塑造风格上看很明显是来自犍陀罗艺术的影响。袈裟施朱砂色，内裙着石绿色。

According to the record of unearthed relics, Cave 77 is mainly a cave of statues which together with the murals visualize the Buddha's nirvana scene. Along the side walls outside the east-west passage-way are statue platforms which had some lower parts of statues left on them when the German expedition team was cleaning up the site. Now the statues do not exist anymore. The upper part of this statue of standing Buddha was damaged. From what remained intact we can see that the body of the statue was strong and muscular. The kāṣāya hanged down on two sides to the knees beneath which were U-shaped folds with raised lines. The low left corner of the kāṣāya appeared to flutter slightly. Layered folds of the underwear dress expressed the texture feel of the kāṣāya. Its sculptural style betrays the influence of Gandharan art. The color of the kāṣāya is vermilion, while that of the underwear dress is turquoise.

I.24 象首石柱 (Elephant-Head Stone Pillar)

约4–6世纪（about 4–6 CE）
泥塑（painted clay）63.5 cm
新疆克孜尔石窟寺出土（德称：谷东区第四窟）
Unearthed in the Kizil Cave Temples，Xinjiang（German Reference： "Cave 4 of the East Valley Region）
德国柏林亚洲艺术馆藏（IB8206）Berlin Museum of Asian Arts Collection（IB8206）

这是人首与象头组合的形象，这个形象镶嵌在左右石柱凹进的位置，人的胸部是一个象头，双肩臂间长出象的双耳。人左右乳房是象的双眼，象鼻绕后腰从右侧伸出，象脚踏在圆柱上。象的脸部和石柱是朱砂红色，浅蓝色的带子网状形点缀在面部，双耳是白色，鼻子是灰白色，象腿是橙色。人头部从象头顶伸出，面部是浅肉色的，鼻子和嘴是修复的，颈部戴着绿色的颈环。这个头像看上去很粗糙，然而却是典型的犍陀罗风格…这个罕见的雕像可以追溯到晚期古希腊罗马艺术的风格。[1] 头发是黑色，戴着一环状的冠。这个奇特的石柱，根据格伦威德尔的看法，是来自庞贝古城的艺术形式。[2] 也许被佛教艺术借鉴而表达佛教教义的谛。

This is a combined image of human and elephant head, which was inlaid in the recess of the stone pillars on two sides. On the human chest was an elephant head; between the two shoulders and arms grew out the two ears of the elephant. The two human breasts were the two eyes of the elephant; the trunk went around the back waist to come out from the right side with its foot on the pillar. The color of the elephant face and the stone pillars was vermilion; a light blue reticulated belt-shape was decorated on the face; its two ears were white, its trunk grey-white, its feet orange. The human head with a light flesh-colored face protruded from the top of the elephant head; its nose and mouth were restored; its neck wore a green neck ring. This head piece looks very crudely-made but it is typically Gandharan in style. Such a strange pillar, according to A. Grünwedel, was an art style of the ancient city of Pompeii. Probably it was borrowed by Buddhist art to express the essence of Buddhist teachings.

1 Le Coq, p. 24. 管平、巫新华，页 34.
2 勒柯克著，陈海涛译：《新疆的地下宝藏》，乌鲁木齐：新疆人民出版社，1999，页 139。

I.25 佛头像 (Head of the Buddha)

约4–6世纪（about 4–6 CE）
泥塑（painted clay）21 cm
新疆克孜尔石窟寺新1窟出土
Unearthed in the New Cave 1 of Kizil Cave Temples，Xinjiang
中国新疆龟兹研究院藏（XQ0032）Kucha Academy of Xinjiang Collection（XQ0032）

新1窟是中心柱塔型的洞窟，1973年被发现，难得的是还保存下来三尊残损的塑像和几尊头像。这尊佛头像我在克孜尔考察并亲自观摩，虽然有些破损，还是可以看出他是高浮雕的塑像，可能是靠在墙壁上的一尊佛像。面部敷白肉色，眉毛和眼睛墨色勾勒，嘴唇朱砂红色，两嘴角处有小窝，面带微笑，整个面部表情庄严而慈祥。头发施蓝色，这在同期洞窟壁画佛像中仍然可以看到相同的蓝色表现。佛像发式为浅平螺纹发型，很明显是从犍陀罗风格发展而来，但是仍然保留着龟兹风格，此类佛造像，其局部基本是以模制为主，配以不同的局部装饰，形成丰富的形象特征。

New Cave 1 is a central pillar type of cave. It was discovered in 1973. What is unusual is that three statues, though damaged, remained there together with a few head pieces. I personally saw this head piece of the Buddha during my research field trip in Kizil. Though slightly damaged, it can still be identified as a high relief statue, probably a Buddha statue against a wall. Its face is white-flesh-colored, eyebrows and eyes look solemn but mercifully kind. Its hair is blue-colored, which can still be seen in the Buddha murals of its contemporary cave. The statue wears a light flat whorl-shaped hairstyle which, though evidently a development from the Gandharan style, still reveals the Qiuci style. This type of Buddha statue was partially molded and decorated with different ornaments to give the statue rich imagistic characteristics.

I.26 佛头像 (Head of the Buddha)

约4-6世纪（about 4-6 CE）
泥塑（painted clay）10.5 cm
新疆克孜尔石窟寺新1窟出土
Unearthed in the New Cave 1 of Kizil Cave Temples，Xinjiang
中国新疆龟兹研究院藏（XQ0036）Kucha Academy of Xinjiang Collection（XQ0036）

我们在克孜尔考察时亲自观摩这尊头像，塑像虽小但是很精致，面部敷白肉色，原来的色彩质感脱落。眉毛和眼睛墨色勾勒，面部圆润丰满。嘴唇的结构和下颌，更突显面部的质感。两嘴角处有小窝，面带微笑，整个面部表情端庄慈祥。发髻残缺施黑色。直鼻，双目下望，也许是一尊佛说法像。克孜尔新1窟西壁的上部，还有一些固定塑像的桩孔，但孔径较小，应该是些小型塑像的固定孔。[1]这些塑像很可能是表现天宫伎乐供养的场景。

I personally examine this head piece during my research trip in Kizil. This statue, though small, is exquisite. Its face was in white-flesh color, while other original coloring had fallen off. Its eyebrows and eyes were outlined in black on a round and plump face. The structure of the lips and the full lower jaw enhanced the texture of the face. There was a dimple at two mouth corners, face carrying smile. The expression of the whole face was graciously kind. The damaged hair bun was colored black. It had a straight nose, two eyes looking downward. On the upper part of the west wall of the New Cave 1 in Kizil, there were some pile holes for fixing statues, but the holes which were relatively small should be for fixing small statues. Those statues probably were to represent the scenes of deva musicians making offerings to the Buddha at a celestial palace.

---

1 许宛音：《克孜尔新 1 窟试论》，载《文物》1984 年第 12 期，页 2-3。

I.27 佛立像 (Standing Buddha)

约4–6世纪（about 4–6 CE）
泥塑（painted clay）105 cm
新疆克孜尔石窟寺新1窟出土
New Cave 1 of Kizil Cave Temples，Xinjiang

新1窟是中心柱型窟，主室东西壁地下是通壁长的像台基，原来是有塑像的。东西甬道通后室。这尊塑像站立在西甬道外侧壁，是新1窟仅存的三尊塑像之一。像身腰以上部分已毁坏，仍可看出原来这尊佛像身躯健壮，袈裟紧裹下体，表现出人体的曲线美。两腿之间的刻画并非U字形，而是褶皱变化，更突显湿体出水的感觉。袈裟左右垂下，至膝盖以下呈U字形的襞褶，这些襞褶是凸起的线条。内衣裙层层叠叠的襞褶表现出袈裟的质感。从塑造上看很明显是来自犍陀罗和秣菟罗风格的影响，袈裟施朱砂色，内裙着石绿色。2016年笔者在克孜尔考察，亲临新1窟观摩此像，现在后墙壁还保留有头光，并有固定塑像的桩孔。

This is a central pillar type cave. The underground of the East-West walls of the main chamber connected to the foundation of the statue platforms along the walls, which originally had statues on them. Both the east and west passage-ways led to the rear chamber. This statue, one of the three remaining statues in the cave, stood against the side wall outside the west passage-way. Part of the statue above the waist was damaged; but we can still see that this Buddha statue had a robust body, with a kāṣāya tightly wrapped around the lower part, showing the beauty line of the human body. The clothes pattern between the legs was not in U shape, but in fold variations, which enhanced the feeling of wet look. The kāṣāya which were U-shaped folds with raised lines hanged down from both sides to the knees beneath. Layered folds of the underdress exhibited the texture of the kāṣāya. Its sculptural style is evidently influenced by that of Gandhara and Mathurā. The kāṣāya was vermilion while the underdress was turquoise. In 2016 I did a field research in Kizil and examined this statue personally and I found a halo could still be seen on the rear wall which had pile holes for the statue.

I.28 涅槃佛像 (Nirvana Buddha)

约4–6世纪（ about 4–6 CE ）
泥塑（ painted clay ）5.3 m
新疆克孜尔石窟寺新1窟出土
New Cave 1 of Kizil Cave Temples，Xinjiang

新 1 窟是中心柱型窟，包括主室、东西甬道和后甬道。后甬道后壁有大
涅槃台，台上卧有一躯大的佛涅槃塑像。佛像累足，右胁而卧，右手垫在脸
与枕之间，双足相叠，袈裟紧裹身躯，襞褶紧紧贴身，表现出湿衣透体，这
一特征是来自犍陀罗释迦涅槃图的影响。在汉译《大般涅槃经》中记载："佛陀，
右胁着床，累足而卧。"[1] 也说明涅槃塑像是依据佛经来创作的。佛像头朝北侧
卧，象征着世界中心的宇宙山，暗示着涅槃的永恒。这尊卧佛袈裟施朱砂色，
与西甬道外侧立佛的技法、风格完全一致。后甬道面积不大，却有一尊长 5.3
米大涅槃像。

The New Cave 1 is central pillar type with main chamber, east, west and rear
passage-ways. Against the rear wall of the rear passage-way was a large nirvana

---

1 《大正藏》，页 199。

platform on which reclined a large statue of the nirvana Buddha with right arm recumbent, feet folded, and right hand put between the face and the pillow, body wrapped tightly in a kāṣāya with its folds showing a transparent wet-look effect, a characteristics coming from Gandharan nirvana Buddha image. In the Han version of the *Mahāparinirvāṇa Sūtra*, there recorded, "The Buddha reclined on his right side with feet folded." This informs that the Nirvana Buddha was made according to the Buddhist scripture. The head of the Buddha stature which reclined sideway faced north, symbolizing the universe hill at the center of the world, hence implying the eternity of nirvana. The kāṣāya of the reclining Buddha was colored vermilion, which shared the style of the standing Buddha outside the west passage-way. The area of the rear passage-way was not large, but there housed a 5.3 meter long nirvana statue.

I.29 龟兹供养人立像 (Standing Statue of a Qiuci Donor)

约4-6世纪（about 4-6 CE）
泥塑（painted clay）? cm
新疆克孜尔石窟寺出土
Unearthed in Kizil Cave Temples，Xinjiang
德国柏林亚洲艺术馆藏 Berlin Museum of Asian Arts Collection

在龟兹诸多石窟寺院的壁画中多有表现供养人图像，比较著名的有克孜尔、克孜尔朵哈、库木吐喇等。据研究，供养人像的类型有王室贵族，比丘僧尼和世俗供养人。在王侯中，贴身的衣衫上面又穿有过膝的大衣……人物系圆环相连的腰带，腰悬形式独特的短剑，短剑鞘尾呈扇状展开。[1] 这尊供养人立像，贴身衣衫外穿一件过膝的赭红色带白花的大衣，双领开襟，露出内衣，双领和开襟的前摆镶白边。腰间系一条圆环花形的腰带，右手握一物已损坏，推测是一把短剑，悬在腰前的一个扇形物。此像发型中分，梳向两侧垂肩的短发。面相圆润，面带微笑，左手举起。从他的装束看，这尊立像很可能是一位国王或贵族，正如玄奘《大唐西域记》记载："上自君王，下至士庶，捐废俗务，奉持斋戒，受经听法，渴日忘疲。"[2]

On the murals of many cave temples in Qiuci, the donor image was well represented, the more well-known ones were Kizil, Kizilgaha, Kumtura and so on. According to research, the types of donors were royal nobles, monks and nuns as well as secular donors. Princes and marquises usually wore, on top of close-fitting clothes, a knee-length overcoat……Characters tied a ring belt, with a unique-shaped dagger hanging from their girdle, while the dagger sheath extended to form a fan-shaped tail. This statue of the donors wore on top of close-fitting clothes a knee-length crimson overcoat with white flower patterns, double-breast opening with underwear revealed; the double breast collars and forward swings trimmed with a white edging. Waist tied a ring-shaped belt, right hand gripping an object which was damaged, presumably a dagger, a fan-shaped object hanging in front of the waist.

1　中川原育子著，彭杰译：《关于龟兹供养人像的考察》上，载《新疆师范大学学报》第1期，2009，页101。
2　《大唐西域记》（T. 51 No. 2087）卷1，《大正藏》，页 870 b16-b18。

Hair mid-divided and combed toward the two sides where the short hair hung over the shoulders. Face round and full, wearing a smile, with left hand raised. Judging from his dress, this statue is likely to be that of a king or royal noble, as Xuanzang's *Report of the Regions West of Great* Tang recorded, "from king to folks, everybody stops their secular business and goes on a fast, listening to the Buddha preaching all day without feeling tiredness."

II   库木吐喇石窟寺

II.01 菩萨头像 (Head of a Bodhisattva)

约5–7世纪（about 5–7 CE）
泥塑（painted clay）16.5 cm
新疆库木吐喇石窟寺出土
Unearthed in Kumtura Cave Temples, Xinjiang
日本东京国立博物馆藏 Tokyo National Museum Collection

1903 年 4 月大谷探险队抵达库车，开始对库木吐喇石窟的挖掘。5 月 11 日在五大室和溪谷对面，与南面相连的一个佛洞，发现了菩萨、仙女的脸、手、脚等《阿弥陀经》卷轴的残片、菩萨的脸、手足很多。[1] 当时挖掘出土的菩萨塑像头部 7 件，在旅顺的菩萨头部 1 件，均出自同一石窟的文物。[2]

塑像高冠有破损，仍可看出头戴绞环型花冠，头发穿过饰物，向右侧垂下，这来自犍陀罗菩萨风格。面部施肉色，弯弯的眉毛和眼睛用墨色勾勒，上眼睑双眼皮和鼻翼用红色勾勒，嘴唇红色，蝌蚪形的胡须墨色勾勒。从用线勾勒技法有来自中原绘画要素。塑像风格与 20 窟壁画菩萨像风格非常相像，也许是一躯伎乐菩萨。

In April, 1903, the Ōtani Kōzui Expedition Team arrived at Kuche and started the excavation of the Kumtura Cave Temples. On May 11, they discovered in a Buddha cave the hands, feet and faces of bodhisattva, spiritual lady…fragments of the *Amitābha Sūtra*. The high crown of the statue was damaged. However, still visible was the twisted ring type floral crown with the hair through an ornament hanging down to the right side, showing an influence of the Gandharan bodhisattva style. The face was in flesh color, the crescent eyebrows and the eyes were outlined in black, the upper double eyelids and the nose wings were outlined in red, the lips in red and the tadpole-shaped beard outlined in black. Such an outlining technique reveals an influence of that of painting from the Central Plains. The style of the statues and that of the bodhisattva in the murals of Cave 20 look alike, suggesting that it was probably a statue of deva bodhisattva.

1   大谷光瑞著，章莹译：《丝路探险记》，乌鲁木齐：新疆人民出版社，1998 年，页 105–106。
2   中野照男：《二十世纪初德国考察队对库木吐啦石窟的考察及尔后的研究》，载《中国石窟——库木吐啦窟》，北京：文物出版社，1992 年，页 241。

Ⅱ.02 菩萨头像 (Head of a Bodhisattva)

约5-7世纪（about 5-7 CE）
泥塑（painted clay）20 cm
新疆库木吐喇石窟寺出土
Unearthed in Kumtura Cave Temples，Xinjiang
日本丝绸之路研究所藏 Institute of Silk Road Studies Collection

　　这尊塑像与图Ⅱ.01 是出自同一洞窟，塑像高冠已毁坏，额上的发型还保留完整，卷曲的头发，中分左右对称。面部施肉色，弯弯的眉毛和眼睛用墨色勾勒，上眼睑和鼻翼用红色勾勒，嘴唇红色，两嘴角左右上翘，略带微笑，显得比图Ⅱ.01 像更年轻。蝌蚪形的胡须墨色勾勒。塑像风格与 20 窟壁画菩萨像风格非常相像，也许是一躯伎乐菩萨。从该洞窟这两尊菩萨头像看，当时窟寺的华丽和庄严。根据考古材料，在洞窟中还出土佛经残片，塑像旁有汉文题记。

　　This statue and that of Ⅱ.01 came from the same cave. The high crown of the statue was damaged. However, still intact was the hair style which had the curled hair partitioned in the middle. The face was in flesh color, the crescent eyebrows and the eyes were outlined in black, the upper eyelids and the nose wings were outlined in red, the lips in red, the corners of the mouth turned up with a smile, showing a much younger face than that of Plate Ⅱ.01. The tadpole-shaped beard was outlined in black. The style of the statues and that of the bodhisattva in the murals of Cave 20 look alike, suggesting that it was probably a statue of deva bodhisattva. According to archaeological archives, there were also fragments of Buddhist scriptures unearthed and on the side of each statue there was a Chinese inscription.

II.03 无头菩萨坐像 (Headless Seated Bodhisattva)

约6-8世纪（ about 6-8 CE ）
泥塑（ painted clay ）61cm
新疆库木吐喇石窟寺出土
Unearthed in Kumtura Cave Temples，Xinjiang
德国柏林亚洲艺术馆藏（ IB8209 ）Berlin Museum of Asian Arts Collection（ IB8209 ）

笔者在柏林亚洲艺术馆亲自观摩这尊塑像，给人非常特别的印象，皮肤红色。有项圈，镶有花朵。身着右袒袈裟，袈裟袍边凸起，金黄颜色，交脚而坐。朱砂色的袈裟，绘满叶片和花朵图案。内衣施绿色，绘有大朵的莲纹图案。袈裟上的花纹图案，绿色的叶片衬托白色的花朵，仿佛中国花卉画的渲染。内衣裙的莲纹图案，胭脂渲染，白色罩花边。头部毁坏，只留下披在两肩卷曲的长发，并用花环系住束发。根据同期壁画中发型样式，很可能是头戴绞环式花冠。这种样式在龟兹、焉耆等地多有表现，或是伎乐菩萨，或是供养菩萨。推测这尊塑像为供养菩萨坐像。

I personally examined this statue at the Berlin Museum of Asian Arts. It gave me a striking impression: its flesh was red, wearing a necklace inlaid with flowers and a right-bared kāṣāya with golden yellow raised seam lining, seated with legs crossed. The vermilion kāṣāya was painted with patterns of leaves and flowers; the green under-dress painted with large lotus patterns. The floral patterns on the kāṣāya—green leaves setting off white flowers—were rendered like a traditional Chinese flower painting. The lotus patterns on the under-dress had a rouge rendering with a white hood lace. The head was damaged, leaving only the long curled hair worn down on the two shoulders, which was tied to a floral ring. According to the hair style in the mural paintings of the same period, the head very likely wore a twisted-ring type floral crown. Such a style was very popular in places like Qiuci and Karasahr on musician bodhisattvas or offering-making bodhisattvas. I surmise this statue was a seated offering-baking bodhisattva.

Ⅱ.04 菩萨像（Statue of a Bodhisattva）

约6–8世纪（about 6–8 CE）
泥塑（painted clay）35 cm
新疆库木吐喇石窟寺出土
Unearthed in the Kumtura Cave Temples，Xinjiang
法国吉美国立亚洲艺术博物馆藏（MG23760）Guimet Museum Collection（MG23760）

这尊塑像上身局部残损，头部比较完整。头发呈缕状中分，梳向后方，头戴花冠。上身裸露，皮肤施棕红色。面相圆润饱满，眉毛、胡须和眼睛用墨色勾勒，嘴唇是红色，面带微笑，神情含蓄。胸前佩戴着项圈，项圈上由莲纹花瓣装饰。从残存的部分看，此像身披璎珞，右臂披帛镶嵌着花朵。这尊塑像与库木吐喇45窟壁画中听法菩萨像的风格相像，整个面部表情端庄、静穆，带有浓郁的中原汉风格艺术样式的造像。

This upper part of this statue was partially damaged except the head which was more or less intact. It wore a floral crown with its curled locks parted at the middle and combed to the back. Its upper body was bare, skin was brown-red colored. It had a plump face, eyebrows, beard and eyes outlined in black, lips in red, wearing a smile and a temperately refined expression. The necklace on its chest was decorated by lotus-patterned flower petals. The remaining part of the statue revealed that it wore a necklace of jade and pearls and a shawl inlaid with flowers. The style of this statue was very much the same as that of the dharma-listening bodhisattva statue on the murals of Cave 45 of Kumtura. Its facial expression was serene and demurely dignified, revealing a rich Han artistic style of Buddhist statues popular on the Central Plains.

Ⅱ.05 供养天人像 (Statue of an Offering-Making Deity)

约6—8世纪（ahout 6—8 CE）
泥塑（painted clay）39cm
新疆库木吐喇石窟寺主窟第13窟出土
Unearthed in Cave 13 of Kumtura Cave Temples，Xinjiang
德国柏林亚洲艺术馆藏（IB7352）Berlin Museum of Asian Arts Collection（IB7352）

在 13 窟出土的三件塑像，尺寸都比较小。勒柯克提名为"犍陀罗艺术风格小型天神"，这尊塑像下身部分毁坏。头戴高冠，发型卷曲披在两肩。身后有宽大的天衣围绕垂下。上身着袒胸的薄衣，面部颜色为肉色。眉毛眼睛墨色勾勒，很特别的是上眼睑双眼皮用红色勾勒，这也许是库木吐喇的用线风格。嘴唇红色，面带微笑。残存的衣裙色彩丰富，可能是一尊供养天人像。

The three statues unearthed in Cave 13 were relatively small. Le Coq referred to them as "Gandharan style small deva." The lower part of this statue was partially damaged. It wore a high crown, with curled hair hanging down to two shoulders. A loose celestial dress wrapped around the shoulders, hanging down. The upper part of the statue wore a thin light gown, baring the breast. Its face was flesh-colored, eyebrows and eyes outlined in black. What is unusual was that the upper eyelids were outlined in red, which could be the outlining style of Kumtura. Its lips were red, carrying a smile. Its remnant dress was richly colored. It could be a statue of an offering-making deity.

Ⅱ.06 供养天人像 （Statue of an Offering-Making Deity）

约6–8世纪（about 6–8 CE）
泥塑（painted clay）29 cm
新疆库木吐喇石窟寺主窟第13窟出土
Unearthed in Cave 13 of Kumtura Cave Temples，Xinjiang
德国柏林亚洲艺术馆藏（IB7353）Berlin Museum of Asian Arts Collection（IB7353）

在 13 窟出土的三件塑像，属于同一类型，保留的上半身也是毁坏严重，卷曲的头发高高地梳至头顶扎起，额与发际间用棕色勾勒发丝，样式很特别。从肩部向身后围绕的天衣毁坏，还可看到天衣穿过两臂从身后绕到前面交叉相系垂下。上身着袒胸薄衣，面部颜色为肉色。眉毛眼睛用墨色勾勒，很特别的是上眼睑双眼皮用红色勾勒，眼睛望向右方。嘴唇呈朱色。衣裙的色彩丰富，可能是一尊供养天人像。

The three statues unearthed in Cave 13 belong to the same group. The upper half of this statue was seriously damaged. Its curled hair bundled high up on top of the head, hairlines between the forehead and the hair were outlined in brown, which formed a unique style. The damaged celestial dress from around the shoulder back could still be seen going through the two arms to the front cross-tied to droop down. The upper part of the statue wore a thin light gown, baring the breast. Its face was flesh-colored, eyebrows and eyes outlined in black. What is particular about it is that the upper eyelids were outlined in red, eyes looking toward the right, lips vermilion-colored and dress rich-colored. It could be a statue of an offering-making deity.

Ⅱ.07 供养天人像 (Statue of an Offering-Making Deity)

约6–8世纪（about 6–8 CE）
泥塑（painted clay）29 cm
新疆库木吐喇石窟寺主窟第13窟出土
Unearthed in Cave 13 of Kumtura Cave Temples，Xinjiang
德国柏林亚洲艺术馆藏（IB7354）Berlin Museum of Asian Arts Collection（IB7354）

在 13 窟出土的三件塑像中，这是保留比较完整的一件。塑像高 29 cm，可能是在主室后壁，像龛主像左右上方，或在东西壁上方天宫建筑中，其性质可能属于供养天人一类。塑像头上圆冠已经缺失，发型卷曲施黑色。身后有宽大的天衣围绕，穿过两臂至前面交叉相系垂下。上身着袒胸薄衣，衣裙的褶皱用线塑造，呈现犍陀罗衣裙样式和中原褒衣博带样式的混合风格。面部颜色为肉色。眉毛眼睛用墨色勾勒，眼朝下望。嘴唇呈朱色，面带微笑。衣裙色彩丰富，是一尊优美精致的供养天人像。

Among the three statues unearthed in Cave 13, this statue was more complete in shape. It was 29 cm high, probably placed against the rear wall of the main chamber, to the upper right or left of the main statue in the niche, or in the celestial palaces above the east and west walls. It could be a statue of an offering-making deity. The round crown on the head of the statue was missing. Its curled hair was depicted black. A loose celestial dress wrapping from around the shoulder back went through the two arms to the front, which cross-tied to droop down. The upper part of the statue wore a thin, light gown, bare-breasted and its dress folds were made of lines, showing a combined style of the Gandharan dress style and the "ample gown-loose girdle" style of the Central Plains. The face was flesh-colored, eyebrows and eyes outlined in black, eyes looking downward. The lips were colored vermilion,carrying a smile and the dress was richly colored. It was a graceful and exquisite statue of an offering-making deity.

II.08 僧侣头像 (Head of a Monk)

约7–8世纪（about 7–8 CE）
泥塑（painted clay）32 cm
新疆库木吐喇石窟寺出土
Unearthed in Kumtura Cave Temples，Xinjiang
法国吉美国立亚洲艺术博物馆藏（MG23761）Guimet Museum Collection（MG23761）

　　库木吐喇石窟寺是龟兹境内汉人开凿窟寺，汉僧住持最多的一处石窟，其保留着很多汉文题记，是我们研究库木吐喇石窟寺重要的考古材料，其中墙壁上题记有相当多的题名，如"法满""惠增""法超"等，皆为僧侣之名。大量的汉僧从中原来，他们巡礼佛教窟寺并留下汉文题名，[1] 此尊头像为僧侣像，面相圆润，五官的刻画较写实，疑是以一僧侣为模特而塑造的。引人注意的是僧侣相貌不是西域人的特征，而是来自中原汉人的相貌特征。这也印证史料记载，汉僧在龟兹的活动。

　　Kumtura Cave Temples were excavated by the Han people in the territory where most of the Han monks lived in the largest cave which retained a lot of Chinese inscriptions. Together with the wall inscription of monks' names such as "Faman", "Huizeng", "Fachao" and so on, they are important archaeological materials for the study of Kumtura Cave Temple. A large number of Han monks came from the Central Plains, they made a pilgrimage to the Buddhist cave temple and left their Chinese titles. This head piece was the portrait of a monk, round and full face, facial features realistically represented, probably it was sculpted with a monk as a model. What is noticeable is that the monk's appearance did not show the characteristics of the people from the Western Regions, but rather the Han people from the Central Plains. This also confirms the historical records of the activities of the Han monks in the Qiuci.

1　黄文弼：《塔里木盆地考古记》，北京：科学出版社，1958 年，页 14–16。

Ⅱ.09 供养人头像 (Head of a Donor)

约7–8世纪（about 7–8 CE）
泥塑（painted clay）14.2 cm
新疆库木吐喇石窟寺出土
Unearthed in Kumtura Cave Temples，Xinjiang
法国吉美国立亚洲艺术博物馆藏（EO3570）Guimet Museum Collection（EO3570）

唐贞观二十二年（627年）安西都护府设立在龟兹，大量的汉人从中原来到龟兹，从考古挖掘材料和文献记载看，由汉僧住持寺院，同时也带来中原的佛教和佛教艺术，库木吐喇石窟寺供养人像的出土提供给我们史料记载以外的真实生活面貌，汉地佛教与龟兹佛教在此平行发展。

此供养人头像发型特征为上梳，露出双耳，顶上的发髻有部分损坏，面相圆润饱满，眼睛刻画为单眼皮，眉毛、眼睑和唇上卷曲的小髭均用墨色勾勒，唇厚，轮廓刻画清晰，这些特征是中原汉人的样貌。面部颜色先着一层白色作为底色，再着棕红色。眼睛注视前方，有一种专注和虔诚的感觉。

In 627 CE, The Protectorate of the Western Regions was set up in Qiuci, a large number of Han people from the Central Plains came to Qiuci. According to the archaeological excavation and archive materials, the monasteries were headed by Han monks who also brought from the Buddhism and Buddhist art of Central Plains. The unearthed donor statues in the Kumtura Cave Temples provided us with real life information outside the historical records. Han Buddhism and Qiuci Buddhism were in parallel development here.

The hair of the donor featured the backward comb style, exposing the ears,the top of the chignon was partially damaged. This head piece had a round full face, eyes with single-eyelids, eyebrows, eyes, face and the small curled moustache outlined in black, thick lips, profile clearly outlined—all these were characteristic of the Han women from the Central Plains. The color of the face was done by applying first a layer of white as base color, and then brown red. Eyes looking ahead, giving an impression of devotedness and piety.

II.10 供养人跪像 (Statue of a Kneeling Donor)

约7–8世纪（about 7–8 CE）
泥塑（painted clay）32 cm
新疆库木吐喇石窟寺出土
Unearthed in Kumtura Cave Temples，Xinjiang
法国吉美国立亚洲艺术博物馆藏（MG23759）Guimet Museum Collection（MG23759）

从考古挖掘材料看，库木吐喇石窟寺保留了一些中原艺术风格的壁画和泥塑。值得注意的是这供养人的相貌像中原汉人。它提供给我们当时社会生活的一个真实面貌。

这尊供养人像保存较好，单腿跪在地上，双手捧着一个长方形的盘，头略上扬。身着一件白色的长裙，应是年轻汉人女子的装束。发型为双垂髻，遮住双耳垂下。这种发型特征与敦煌石窟唐代壁画供养人图像类似。头发黑色，眉毛、眼睛用墨色勾勒，肤色为棕红色。手捧的盘子上原来可能放着类似贡品的东西，从这尊造像看，供养人不止一个，应该是一组人，可能是捐助者带领家族人供养。这尊像应该是年轻的仆人，她的眼睛注视着上方，展现出虔诚的神态。

From the archaeological excavation materials, the Kumtura Cave Temples retains some of the Central Plains art-style murals and clay statues. What draws our attention was the Han image of the donor, which provides us with the true countenance of social life at that time. This statue is better preserved, kneeling on one leg on the ground, two hands holding a rectangular tray, head slightly up. Dressed in a long white dress, which should be the dress of young Han girls. The hairstyle is double-hanging bun, covering the earlobes. The hair was black, the eyebrows and eyes outlined in black, the color of the skin brown-red. Hand-held trays might have been placed something like offerings. In this case, the donor did not appear to be a person, it should be a group of people, might be the donor leading his family, including servants, to pay tribute.

III 图木舒克佛寺和托库孜萨莱佛寺

III.01 戴头巾的头像 (Head with a Headscarf)

约3—5世纪（about 3–5 CE）
泥塑（painted clay）22 cm
新疆图木舒克佛寺出土
Unearthed in the Tumshuk Buddhist Monastery, Xinjiang
德国柏林亚洲艺术馆藏（IB7629）Berlin Museum of Asian Arts Collection（IB7629）

在图木舒克有两座佛寺，北有托库孜萨莱遗址，南有图木舒克遗址。图木舒克遗址包括东、中、西三处佛寺遗址。这是一尊戴头巾的头像，由于风化，面部五官已模糊。但是从戴头巾的样式看，让我们联想到巴尔胡特加尔各答印度博物馆藏的"搬运舍利"的形象，人物头上包裹着头巾，骑着头顶舍利容器的大象。也许在图木舒克佛寺有着同样的搬运舍利及供奉安藏舍利的神圣场景。

In Tumshuk, there are two Buddhist temples, Toqquz-Sarai in the north, Tumshuk in the south. The Tumshuk site has three Buddhist monastery sites. This is a headpiece wearing a headscarf. Its face was blurred by weathering. The style of the headscarf reminds us of the image of the *Statue of the Transport of the Śarīra* in the collection of the Bharhut Calcutta India Museum, in which the character wearing a headscarf was riding on a big elephant which carried a Buddhist śarīra container on its head. Probably there were similar scenes of the śarīra transport and worship in the Tumshuk Buddhist Monastery.

Ⅲ.02 菩萨头像 (Head of a Bodhisattva)

约3–5世纪（about 3–5 CE）
泥塑（painted clay）24.5 cm
新疆图木舒克佛寺东寺出土
Unearthed in the East Temple of the Tumshuk Buddhist Monastery，Xinjiang
德国柏林亚洲艺术馆藏（IB7630）Berlin Museum of Asian Arts Collection（IB7630）

在图木舒克有两座佛寺，北有托库孜萨莱遗址，南有图木舒克遗址。图木舒克遗址包括东、中、西三处佛寺遗址。这尊塑像头冠已损坏，还保留少许的卷曲头发，头略斜向右侧。面相圆润，面部颜色脱落，仍可看到五官刻画的高水平。眉宇间有一条竖线，疑是白毫。很特别的是黑眼球不是墨色描绘，而是用雕刻的技巧表现。值得注意的是勒柯克提出，"这种头像在中国汉代的钱币上也曾发现过"，[1] 但是他没有对此作进一步讨论。

In Tumshuk, there are two Buddhist temples, Toqquz-sarai in the north,Tumshuk in the south. The Tumshuk site has three Buddhist temple sites- East, Central and West. The head crown of this statue was damaged, with a small portion of curled hair left. The head slightly slanted toward the right side. The colors of the plump face fell off, however, the five sense organs were still visible, showing a high level sculpturing technique. Between the eyebrows there was a vertical line, probably a pekoe. The black pupils were unusually represented by sculpting techniques instead of outlining in black. What worth mentioning was Le Coq's remark that this type of headpiece appeared on the coins of Han dynasty. Unfortunately, no further reference was given.

1　Le Coq，vol. 1, p. 21.

Ⅲ.03 供养菩萨像 (Statue of an Offering-Making Bodhisattva)

约4-6世纪（about 4-6 CE）
泥塑（painted clay）25 cm
新疆图木舒克佛寺东寺出土
Unearthed in the East Temple of the Tumshuk Buddhist Monastery，Xinjiang
德国柏林亚洲艺术馆藏（IB7632）Berlin Museum of Asian Arts Collection（IB7632）

这尊塑像图木舒克遗址东寺出土，是在一堆掩埋雕像的瓦砾中发现的。塑像头部已损坏，还保留披在左肩上卷曲的头发，这种披肩的发式在龟兹是很流行的。这尊塑像双手合十，呈跪姿状，身体微微侧向左方，作供养祈祷状。上身裸露，身披璎珞从两肩垂下，在胸部之下交叉，由莲纹图案的大花朵系向后腰。胸前戴着很宽的项圈，右上臂戴一朵莲纹图案的大花朵。这种双手合十跪拜式样，龟兹壁画上也多有表现，笔者将其定名为"供养菩萨"。从保留的残像看，头部已经毁坏，颈部露出木头支架，所以，这是一尊泥制作品，而非陶制作品。

This statue was unearthed in the East Monastery of the Tumshuk Buddhist Temple amidst a heap of debris. Its head was damaged, leaving only the curled hair worn down onto the left shoulder, a hair style very popular in Qiuci. This statue was kneeling with palms put together and body slightly slanting toward left, as if making an offering prayer. Upper body naked, a shawl of jade and pearls hung down from the shoulders, crossed beneath the chest and tied toward the back waist by lotus-patterned large flowers. In front of the chest wore a very wide necklace and on the upper right arm wore a lotus-patterned large flower. Such a kneel-praying style was well represented in the murals of Qiuci. Hence, I label it as "Statue of an Offering-Making Bodhisattva." The damaged statue revealed a wooden stand frame in the neck, which shows that it was a clay statue, not a pottery one.

Ⅲ .04 伎 乐 供 养 菩 萨 立 像 (Standing Statue of an Offering-Making Musician Bodhisattva)

约4–6世纪（about 4–6 CE）
泥塑（painted clay）72.7 cm
新疆图木舒克佛寺东寺出土
Unearthed in the East Temple of the Tumshuk Buddhist Monastery，Xinjiang
德国柏林亚洲艺术馆藏（IB8948）Berlin Museum of Asian Arts Collection（IB8948）

图木舒克有东西两寺，这是东寺一尊彩绘泥塑，菩萨立像身着袒右长裙，右腿直立，左腿略弯曲抬起，有一种乐舞的动感。发式卷曲，面带微笑。上衣袒右紧贴身体，下裙宽松造型复杂，随舞动两腿的衣纹线条呈 U 形。面部眼睛和眉毛用线勾勒，贴身的上衣带绿色，腰以下的裙子呈赭石颜色。

这尊塑像不是一尊简单的菩萨立像，推测她是一尊伎乐供养菩萨像。在早期汉传佛经中记载"伎乐"是围绕着"供养"的意义而展开的。《大方便佛报恩经》载："无量百千诸天，随从如来以放大光明。神力感动，作天伎乐百千万种，乃至能使一切天、一切龙、鬼神、干闼婆、紧那罗、摩睺罗伽、人、非人等，一切大众等皆悉云集，而礼拜供养如来佛，大放光明。"[1] 人们透过造像来呈现佛经的含义，这尊伎乐供养菩萨像是一个以礼佛为目的造像，而在这意义上造像礼佛的意义是求造福田。相信在同一石窟应该有不少造型多样的伎乐供养像，与墙壁上的壁画，形成华丽的天宫伎乐场景。

The Tumshuk city had two monasteries. This bodhisattva painted statue was found in the East Monastery. It wore a bare-right long dress, right leg standing upright and left leg slightly bent and raised, giving a motion sense of dancing. It wore a curled hair, smiling. The upper bare-right dress clung tight to the body while the lower skirt was loose with complicated design, showing the dress lines in a U shape while the two legs were dancing. The eyes and eyebrows were outlined. The upper skin-close dress was green colored while the skirt below the waist was in ochre.

This statue looked like a musician bodhisattva making offer to the Buddha. In an early Han Buddhist scripture it was recorded that deva-musicians set off around

---

1 《大方便佛报恩经》（T. 03 No. 0156），卷三，《大正藏》，页 137 b05–b06。

the meanings of "offering". The *Sūtra on the Great Skillful Means for the Buddha's Repayment of Kindness* said: "The innumerous devas, together with the Tathāgata, emit great radiance of light. Their power leads to responses and does various heavenly music performances which gather all devas, nagas, spirits and deities, and all gandharvas, kiṃnaras, mahorāgas, human, non-human, as well as all folks to worship and make offerings to the Tathāgata Buddha, who releases great radiance of light." People used statues and images to show the meanings of the scriptures. This bodhisattva statue of was made to pay tribute to the Buddha to cultivate one's field of blessings. I believe there should be many bodhisattva in different forms in the same cave, which together with the murals on the walls envisage a magnificent scene of deva dancing and playing music.

Ⅲ.05 供养天神像 (Statue of an Offering-Making Deity)

约4–6世纪（about 4–6 CE）
泥塑（painted clay）16.4 cm
新疆图木舒克佛寺东寺出土
Unearthed in the East Temple of the Tumshuk Buddhist Monastery，Xinjiang
德国柏林亚洲艺术馆藏（IB9006）Berlin Museum of Asian Arts Collection（IB9006）

这尊塑像尺寸较小并且是被烧制的陶像，像呈跪姿状，上身裸露，天衣从肩部后背围绕，穿过两臂至后腰。双手合十，头略微向下，作供养祈祷状。头戴一个很宽的花冠，面带微笑，五官的刻画受到中原画像的影响。颈部和双臂上有两圈饰物装饰着。衣裙的样式与图Ⅳ.03 的衣裙的刻画很相似，这种跪姿供养祈祷的形象，在龟兹壁画站立佛像的脚下方，基本上都画一小型供养祈祷的形象。推测这尊小塑像可能在站立大像的脚下方。

This is a smaller size burnt pottery statue. It was at a kneeling position, upper body bared, the celestial dress went round the back of the shoulder through the arms to the back waist. Two palms put together devoutly, head slightly down as if making an offering prayer. It wore a very wide floral crown and a smile. The depiction of the five sense organs was influenced by the portrait painting from the Central Plains. On the head and the arms were decorated with two rings of ornaments. The dress style was similar to that in Plate Ⅳ.03. And the image of kneeling to make offerings and pray could usually be found below the standing Buddha's feet in the mural paintings of Qiuci. I surmise this small pottery statue could have been placed below the feet of a large standing statue.

Ⅲ.06 戴狮头皮冠的金刚力士 (A Vajra Warrior Wearing a Lion-head Leather Crown)

约3-5世纪（about 3-5 CE）
泥塑（painted clay）21 cm
新疆托库孜萨莱佛寺出土
Unearthed in the Toqquz-Sarai Buddhist Monastery，Xinjiang
法国吉美国立亚洲艺术博物馆藏（EO1331）Guimet Museum Collection（EO1331）

这尊塑像是头戴狮头皮冠的金刚力士，特征是很年轻，卷曲的头发上戴着露出牙齿的狮头皮冠。双眉紧锁，双目圆瞪向下张望，有一种年轻威武的气势。嘴略张开，嘴角两侧向上弯曲而尖的獠牙。在西域的佛教艺术中金刚力士的造像很丰富，这种头戴狮头皮冠、双目圆瞪，有獠牙的金刚力士，其功能可能是守护佛法的神。

The statue, which features a young man wearing a lion's scalp crown, with its teeth exposed amidst the curled hair, eyebrows tightly knitted, eyes round staring down, revealing a young and powerful momentum. Mouth slightly open, and the corners of the mouth bent upward with pointed fangs. In the Buddhist art of the Western Regions, there were plenty of the vajra warrior image. Such a head piece wearing a lion's scalp crown, with staring round eyes and fangs of the vajra warrior, very likely functioned as a guard of the dharma.

Ⅲ.07 魔鬼的头像 (Head of a Devil)

约3-5世纪（about 3-5 CE）
泥塑（painted clay）21 cm
新疆图木舒克佛寺东寺出土
Unearthed in the East Temple of the Tumshuk Buddhist Monastery，Xinjiang
法国吉美国立亚洲艺术博物馆藏（IB9276）Guimet Museum Collection（IB9276）

　　这尊塑像头发是波浪纹，顶部的冠已损坏，只保留一片装饰的花环。额头中部的肌肉凸起，双眉紧锁，双目圆睁，显示出他的威武和无穷的力量，这是受到犍陀罗佛教金刚力士像的影响。嘴张开露出牙齿，很特别的是嘴角两侧向上弯曲而尖的獠牙，这种双目圆睁，向上弯曲的獠牙，是图木舒克两遗址流行的金刚力士样式。《起世经》记载："三十三宫殿住处……一一门处，各有五百夜叉，为三十三天昼夜守护。"[1] 夜叉最初是帝释天的三十三天的守护神，后来也发展为护卫佛法和众生的守护神。推测可能是一尊夜叉像。

　　The hair of this head piece was wave-grained and the crown on top was damaged, retaining only a decorative wreath of flowers. The muscle in the middle of the forehead bulged, eyebrows tightly knitted, eyes staring round, showing his might and infinite power, which was influenced by the Buddhist image of the Gandharan Vajrapānibalin. Mouth opens with teeth revealed, what is special were the upward bent pointed fangs at the corners of the mouth. Such an Vajrapānibalin image was popular in the two sites of Tumshuk. In the *Sutra on the Arising of Worlds*, it was recorded that "there were five hundred Yakṣas at the gate of each of the Thirty-three Palace Residences..." The Yakṣa was originally the guardians of the thirty-three Heavens of Emperor Śakra, and later developed into the guardians of the dharma and all the living. Presumably it might be a statue of Yakṣa.

1　《起世经》（T. 01 No. 0024），卷六，《大正藏》，页 341 a07-a19。

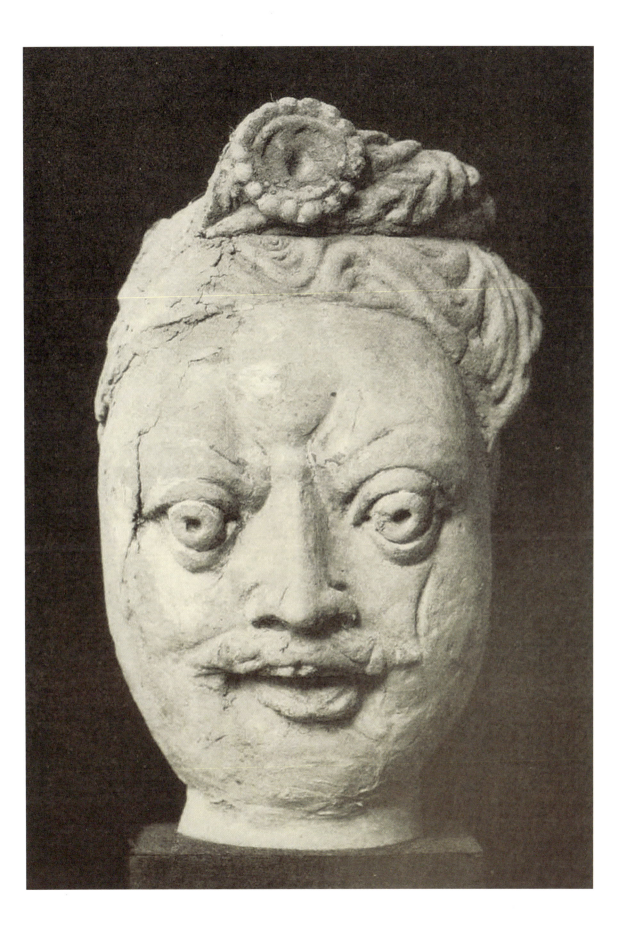

IV 其他

IV.01 菩萨头像 (Head of a Bodhisattva)

约4-6世纪（about 4-6 CE）
泥塑（painted clay）24 cm
新疆杜勒杜尔阿库尔佛寺出土
Unearthed in the Douldour-Aqoûr Buddhist Monastery，Xinjiang
法国吉美国立亚洲艺术博物馆藏（MG23757）Guimet Museum Collection（MG23757）

阿库尔遗址也称夏合吐尔遗址，一般学者认为此遗址为阿奢理贰伽蓝。《大唐西域记》记载："庭宇显敞，佛像工饰。"[1] 在早期挖掘遗址时还有大立佛像壁画，大佛塑像、菩萨、天王塑像等。

这尊塑像面相方圆。头戴菱形纹饰的冠，这种样式，与克孜尔 77 窟塑像戴的冠是一样的，说明在龟兹的塑像中，冠的样式与塑像身份是有一定仪轨要求的。眼睛墨色勾勒，嘴唇丰润，唇上胡须墨色勾勒如蝌蚪形，两嘴角有小窝，面带微笑。人物面貌神态的刻画是龟兹样式，发型、头冠样式是来自犍陀罗的风格，有一种很明显的西域风格特征。

The site of the Douldour-Aqoûr Buddhist Monastery was referred by scholars as the Āścariṇi Monastery. In the *Report of the Regions West of Great Tang* it was recorded that "it was spacious, full of magnificent Buddhist statues." During its early excavation, there were large standing Buddha statues and murals, statues of the Buddha, bodhisattvas, Heavenly Kings, etc.

This statue had a plump face, wore a rhombus-patterned crown similar to that found in Kizil Cave 77, which implied that among the statues in Qiuci, crown style and statue identity had specific ritual requirements. Eyes were outlined in black, lips plump and ripe, beard above the lips outlined in tadpole shape. There was a dimple at the mouth corners, and a smile on the face. The depiction of its facial expression and demeanour was in Qiuci style, while its hair and crown style appeared to have come from Gandhara, a style characteristic of the Western Regions.

---

1 《大唐西域记》（T. 51 No. 2087），卷 1，《大正藏》，页 870 b22-b23。

IV .02 菩萨头像 (Head of a Bodhisattva)

约4-6世纪（about 4-6 CE）
泥塑（painted clay）32 cm
新疆杜勒杜尔阿库尔佛寺出土
Unearthed in the Douldour-Aqoûr Buddhist Monastery，Xinjiang
法国吉美国立亚洲艺术博物馆藏（MG23756）Guimet Museum Collection（MG23756）

这尊塑像面部及发式保存完整，五官比较集中，眉宇间白毫相，面部颜色已脱落。头戴菱形纹饰的冠，与III.01 的冠式相同，卷曲的头发穿过冠垂下。很明显冠与发式是龟兹塑像来自犍陀罗风格的影响。两嘴角有小窝，面带微笑。从龟兹塑像整体考察，我们可以看出 3 到 5 世纪，已经形成较成熟的龟兹样式的西域风格特征。

The face and hairstyle of this statue were the least damaged. The five sense organs were neatly in place, with a pekoe phase between eyebrows while facial colors fallen off.

The statue wore a rhombus-patterned crown similar to that in III .01. The curled hair through the crown hung down. Obviously, the influence of the crown and hairstyle came from Gandhara. There was a dimple at the mouth corners, and a smile on the face. A survey study of Qiuci statues as a whole show that from the third to fifth century, a mature Qiuci style with the characteristics of the Western Regions appeared.

Ⅳ.03 龟兹供养人头像 (Head of a Qiuci Donor)

约4–6世纪（about 4–6 CE）
泥塑（painted clay）10.5 cm
新疆克孜尔朵哈石窟寺出土
Unearthed in Kizilgaha Cave Temples，Xinjiang
法国吉美国立亚洲艺术博物馆藏 Guimet Museum Collection

汉代烽燧遗址距离克孜尔朵哈石窟寺 1 公里左右，显示石窟地理位置的重要。这尊塑像是男性供养人头像，面相饱满而年轻，眼睛平视前方，虽然面部有些脱落，仍可看出面部施白底色。眉毛和眼线墨色勾勒，嘴小略带微笑，薄薄的嘴唇，这个形象可能来自当时某捐助者的样貌。黑色的头发，发型中分，梳向两侧垂肩。这个形象与克孜尔朵哈第 14 窟供养人像属同一风格，壁画中龟兹供养人是被地神托举，其服饰华丽，说明建造石窟的捐赠者是贵族或是王族。克孜尔石窟寺第 8 窟南甬道内壁，有一组 4 人龟兹供养人像和一位跪地的侍从。发型样式也与这尊塑像一样，说明龟兹供养人像不单是画在墙壁上，也有立体的造像。

The Beacon Sites at the Yumen Pass of the Han Dynasty is about 1 km from the Kizilgaha Cave Temples, which shows how important its geographical location was. This statue was the head of a male donor, full and young face, eyes facing forward, although part of the face fell off, its white background color was still visible. Eyebrows and eyes were outlined in black, mouth small and smiling, thin lips, the image might have come from the countenance of a donor at that time. Mid-divided black hair, combed to the sides hanging over the shoulders. This image belongs to the same style as that of the donor in Cave 14 of Kizilgaha Cave Temples. The Qiuci donor in the mural was raise-supported by the earth god, its costumes gorgeous, indicating that the donor who built the cave was a nobleman or from a royal family. On the inner wall of the south passage-way of the Cave 8 of the Kizilgaha Cave Temples, there was a group of four Qiuci donor and a kneeling attendant. The hairstyle was the same as this statue, indicating that the Qiuci donor portrait was not only painted on the wall, but also represented as a three-dimensional statue.

IV.04 泥塑彩绘头像 (Painted Clay Head)

约4–6世纪（about 4–6 CE）
泥塑（painted clay）18.5cm
新疆森木塞姆石窟寺32窟出土
Unearthed in Cave 32 of Simsim Cave Temples
中国新疆龟兹研究院藏 Kucha Academy of Xinjiang Collection

森木塞姆与苏巴什、克孜尔朵哈、杜勒杜尔阿库尔等石窟连接。这尊塑像 1994 年出土于森木塞姆第 32 窟，面部表情狰狞，卷发可能头上有冠，额间刻三道纹，眉头皱，双目朝下看，鼻翼两侧各刻两条纹，嘴略张开，两颗獠牙外露，面部施白底色。32 窟是中心柱窟，主室绘有盘达龙王，画一人捉蛇，丑陋比丘，是描述佛度比丘。这尊塑像表情狰狞，推测可能是一尊护法的天神。

Simsim is connected to caves such as Subashi Buddhist Monastery, Kizilgaha Cave Temples, and Douldour-Aqoûr Buddhist Monastery. This statue was unearthed in 1994 in the Cave 32 of Simsim, facial expression hideously ferocious, curly hair might have a crown on the curl-haired head, three lines carved between the forehead, wrinkled brow, eyes looking down, two stripes carved on each side of the nose wings, mouth slightly open, two fangs exposed, the face with a white background. Cave 32 is a central column cave, the main room is painted with the Dragon King of Panda catching snakes, an ugly bhikṣu, was the description of the Buddha enlightening a bhikṣu. This statue has a hideous expression, presumably it might be a heavenly deity who protected the dharma.

附录：图版及收藏地

序号	年代	书内名称	原图名称	图版出处	收藏地点	馆藏编号
I.01	约3—5世纪	菩萨头像	被毁坏的头像	Le Coq, vol.1. table.19c	德国柏林亚洲艺术馆	IB7625
I.02	约3—5世纪	金刚头像	犍陀罗风格头饰	Le Coq, vol.1. table.19a	德国柏林亚洲艺术馆	IB7626
I.03	约3—5世纪	卷发头像	卷发头像	Le Coq, vol.1. table.19b	德国柏林亚洲艺术馆	IB7627
I.04	约3—5世纪	穿恺甲的魔鬼	穿恺甲的魔鬼	Le Coq, vol.1. table.27	德国柏林亚洲艺术馆	IB7842
I.05	约4—6世纪	悲哀者头像	悲哀者头像	Le Coq, vol.1. table.24c	德国柏林亚洲艺术馆	IB7879
I.06	约3—5世纪	供养天神头像	天神头像	Le Coq, vol.1. table.22b	德国柏林亚洲艺术馆	IB7881
I.07	约3—5世纪	听法金刚头像	菩萨头像	Le Coq, vol.1. table.20c	德国柏林亚洲艺术馆	IB7882
I.08	约4—6世纪	婆罗门人头像	婆罗门教徒头像	Le Coq, vol.1. table.25b	德国柏林亚洲艺术馆	IB7888
I.09	约4—6世纪	婆罗门人头像	婆罗门教徒头像	Le Coq, vol.1. table.25c	德国柏林亚洲艺术馆	IB7890
I.10	约4—6世纪	密迹金刚头像	金刚头像	Le Coq, vol.1. table.26d	德国柏林亚洲艺术馆	IB7893
I.11	约3—5世纪	供养天神头像	天神头像	Le Coq, vol.1. table.22c	德国柏林亚洲艺术馆	IB7894
I.12	约3—5世纪	菩萨头像	天神头像	Le Coq, vol.1. table.21c	德国柏林亚洲艺术馆	IB7918
I.13	约3—5世纪	菩萨头像	菩萨头像	Le Coq, vol.1. table.22a	德国柏林亚洲艺术馆	IB7917
I.14	约3—5世纪	菩萨头像	菩萨头像	Le Coq, vol.1. table.20a	德国柏林亚洲艺术馆	IB7920
I.15	约4—6世纪	戴小白帽的男人头像	戴小白帽的男人头像	Le Coq, vol.1. table.26c	德国柏林亚洲艺术馆	IB7930
I.16	约4—6世纪	戴狮头皮冠的金刚力士	戴有狮首头盔的头像	Le Coq, vol.1. table.26a	德国柏林亚洲艺术馆	IB7932
I.17	约4—6世纪	悲哀者头像	悲哀者头像	Le Coq, vol.1. table.24a	德国柏林亚洲艺术馆	IB7933
I.18	约4—6世纪	金刚力士头像	少年肖像	Le Coq, vol.1. table.26b	德国柏林亚洲艺术馆	IB7935
I.19	约3—5世纪	供养天人躯干像	天神躯干雕像	Le Coq, vol.1. table.29a	德国柏林亚洲艺术馆	IB8184
I.20	约4—6世纪	施佛燋木的贫人拔提	身负重物的陶制小人物	Le Coq, vol.5. table.2	德国柏林亚洲艺术馆	IB8189

序号	年代	书内名称	原图名称	图版出处	收藏地点	馆藏编号
I.21	约4—6世纪	菩萨半身像	天神半身像	Le Coq, vol.1. table.33a	德国柏林亚洲艺术馆	IB8200
I.22	约3—5世纪	佛立像	陶制跣履立僧	Le Coq, vol.5. table.3	德国柏林亚洲艺术馆	IB8205
I.23	约3—5世纪	佛立像	佛立像	柏林亚洲艺术馆资料室拍摄	德国柏林亚洲艺术馆	IB427
I.24	约4—6世纪	象首石柱	象首石柱	Le Coq, vol.1. table.27	德国柏林亚洲艺术馆	IB8026
I.25	约4—6世纪	佛头像	泥塑彩绘佛头	新疆龟兹研究院	中国新疆龟兹研究院	XQ0032
I.26	约4—6世纪	佛头像	泥塑彩绘佛头	新疆龟兹研究院	中国新疆龟兹研究院	XQ0036
I.27	约4—6世纪	佛立像	佛立像	新疆龟兹研究院	克孜尔石窟寺新1窟	
I.28	约4—6世纪	涅槃佛像	涅槃佛像	新疆龟兹研究院	克孜尔石窟寺新1窟	
I.29	约4—6世纪	龟兹供养人立像	龟兹供养人立像	新疆佛教遗址（上）第288页	德国柏林亚洲艺术馆	
II.01	约5—7世纪	菩萨头像	唐塑像头部	香川默识编上卷雕刻图版5	日本东京国立博物馆	
II.02	约5—7世纪	菩萨头像	唐塑像头部	香川默识编上卷雕刻图版6之1	日本丝绸之路研究所	
II.03	约6—8世纪	无头菩萨坐像	无头坐像	柏林亚洲艺术馆拍摄	德国柏林亚洲艺术馆	IB8209
II.04	约6—8世纪	菩萨像	天人像	新疆佛教遗址（下）第386页	法国吉美国立亚洲艺术博物馆	MG23760
II.05	约6—8世纪	供养天人像	犍陀罗艺术风格小型天神	Le Coq, vol.1. table.35a	德国柏林亚洲艺术馆	IB7352
II.06	约6—8世纪	供养天人像	犍陀罗艺术风格小型天神	Le Coq, vol.1. table.35c	德国柏林亚洲艺术馆	IB7353
II.07	约6—8世纪	供养天人像	犍陀罗艺术风格小型天神	Le Coq, vol.1. table.35d	德国柏林亚洲艺术馆	IB7354
II.08	约7—8世纪	僧侣头像	僧侣头像		法国吉美国立亚洲艺术博物馆	MG23761
II.09	约7—8世纪	供养人头像	头像		法国吉美国立亚洲艺术博物馆	EO3570
II.10	约7—8世纪	供养人跪像	供养人像	Pelliot，Ⅷ（KOUTCHA）.PI.ⅩⅩⅩⅧ（4）	法国吉美国立亚洲艺术博物馆	MG23759
III.01	约3—5世纪	戴头巾的头像	古典风格头像	Le Coq, vol.1. table.18b	德国柏林亚洲艺术馆	IB7629
III.02	约3—5世纪	菩萨头像	古典风格头像	Le Coq, vol.1. table.18a	德国柏林亚洲艺术馆	IB7630

序号	年代	书内名称	原图名称	图版出处	收藏地点	馆藏编号
III.03	约4—6世纪	供养菩萨像	陶制小型人物	Le Coq, vol.5. table.1	德国柏林亚洲艺术馆	IB7632
III.04	约4—6世纪	伎乐供养菩萨立像	天神小雕像	柏林亚洲艺术馆拍摄	德国柏林亚洲艺术馆	IB8948
III.05	约4—6世纪	供养天神像	祈祷的神像	Le Coq, vol.7. table.1a	德国柏林亚洲艺术馆	IB9006
III.06	约3—5世纪	戴狮头皮冠的金刚力士	头像	伯希和《图木舒克》图版82	法国吉美国立亚洲艺术博物馆	EO1331
III.07	约3—5世纪	魔鬼的头像	魔鬼头像	Le Coq, vol.7. table.1c	德国柏林亚洲艺术馆	IB9276
IV.01	约4—6世纪	菩萨头像	头像	伯希和《库车》图版48a	法国吉美国立亚洲艺术博物馆	MG23757
IV.02	约4—6世纪	菩萨头像	头像	伯希和《库车》图版46	法国吉美国立亚洲艺术博物馆	MG23756
IV.03	约5—7世纪	龟兹供养人头像	男性头部	Pelliot, VIII（KOUTCHA）. Pl. XXI	法国吉美国立亚洲艺术博物馆	
IV.04	约4—6世纪	泥塑彩绘头像	泥塑彩绘头像	新疆龟兹研究院	中国新疆龟兹研究院	XQ0035

Le Coq, A. von und E. Waldschmidt. Die Budddhistische Spätantike in Mittelasien. 7 vols. Berlin: Verlag Dietrich Reimer, 1922—1933.

Pelliot, Paul. Documents conservés au Musée Guimet et à la bibliothèque nationale (documents archéologiques). 8 vols. Edited by Chao Huashan, Monique Maillard, Simone Gaulier and Georges Pinault. Paris: Collège de France, Instituts d'Asie centre de recherche sur l'Asie centrale et la haute Asie, 1987. Vol. VIII: Sites divers de la region de koutcha (épigraphe koutchéenne) in particular.

香川默识编：《西域考古图谱》上、下卷，北京：学苑出版社，1999。

新疆维吾尔自治区文物局编：《新疆佛教遗址》上、下册，北京：科学出版社，2015。

参考书目

一、中文文献

（一）专书

[北齐]魏收撰：《魏书》，北京：中华书局，1974。

[唐]李延寿撰：《北史》，北京：中华书局，1974。

[唐]慧超：《往五天竺国传笺释》，张毅笺释，北京：中华书局，2000。

《大正新修大藏经》，东京：大藏出版株式会社，1988。

史晓明：《克孜尔石窟艺术论集》，乌鲁木齐：新疆美术摄影出版社，2008。

冉万里编著：《新疆库车苏巴什佛寺遗址石窟调查报告》，上海：古籍出版社，2020。

朱英荣：《龟兹石窟研究》，乌鲁木齐：新疆美术摄影出版社，1993。

汤用彤：《汉魏两晋南北朝佛教史》，北京：北京大学出版社，1979。

苏北海：《丝绸之路与龟兹历史文化》，乌鲁木齐：新疆人民出版社，1996。

巫鸿主编：《汉唐之间的宗教艺术与考古》，北京：文物出版社，2000。

李瑞哲：《龟兹石窟寺》，北京：中国社会科学出版社，2015。

吴涛：《龟兹佛教与区域文化变迁研究》，北京：中央民族大学出版社，2006。

何恩之、魏正中，王倩译：《龟兹寻幽：考古重现与视觉再现》，上海：上海古籍出版社，2017。

龟兹石窟研究所编：《龟兹佛教文化论集》，乌鲁木齐：新疆美术摄影出版社，1993。

张国领、裴孝曾主编：《龟兹文化研究》四册，乌鲁木齐：新疆人民出版社，2006。

林立：《西域古佛寺——新疆古代地面佛寺研究》，北京：科学出版社，2018。

林树中编：《海外藏中国历代雕塑》，南昌：江西美术出版社，2006。

林梅村：《西域文明——考古、民族、语言和宗教新论》，北京：中国铁道出版社，1995。

孟凡人：《新疆古代雕塑辑佚》，乌鲁木齐：新疆人民出版社，1987。

姚士宏：《克孜尔石窟探秘》，乌鲁木齐：新疆美术摄影出版社，1996。

黄文弼：《塔里木盘地考古记》，北京：科学出版社，1958。

常书鸿：《新疆石窟艺术》，北京：中共中央党校出版社，1996。

阎文儒：《中国石窟艺术总论》，桂林：广西师范大学出版社，2003。

宿白：《克孜尔石窟部分洞窟阶段划分与年代等问题的初步探索》，载《中国石窟·克孜尔石窟》，北京：文物出版社，1997。

宿白：《中国石窟寺研究》，北京：文物出版社，1996。

韩翔、朱英荣：《龟兹石窟》，新疆：新疆大学出版社，1990。

新疆石窟壁画全集编委会编：《新疆石窟壁画全集》1—6 卷，乌鲁木齐：新疆美术摄影出版社，1992。

新疆龟兹石窟研究所编：《克孜尔尕哈石窟内容总录》，北京：文物出版社，2009。

新疆龟兹石窟研究所编：《森木塞姆石窟内容总录》，北京：文物出版社，2008。

新疆龟兹石窟研究所编：《克孜尔石窟内容总录》，乌鲁木齐：新疆美术摄影出版社，2000。

新疆维吾尔自治区文物局编：《新疆佛教遗址》上下册，北京：科学出版社，2015。

新疆维吾尔自治区文物管理委员会、库车县文物保管所、北京大学考古系编：《中国石窟·库木吐喇石窟》，北京：文物出版社，1992。

新疆维吾尔自治区文物管理委员会、拜城县克孜尔千佛洞文物保管所、北京大学考古系编：《中国石窟·克孜尔石窟》1—3 册，北京：文物出版社，1989、1996、1997。

霍旭初：《考证与辨析——西域佛教文化论稿》，乌鲁木齐：新疆美术摄影出版社，2002。

霍旭初：《龟兹艺术研究》，乌鲁木齐：新疆人民出版社，1994。

[德] 格伦威德尔著，赵崇民、巫新年译：《新疆古佛寺：1905—1907 年考察成果》，北京：中国人民大学出版社，2007。

[德] 勒柯克、瓦尔德施密特著，巫新华、管平译：《新疆佛教艺术》上、下卷，乌鲁木齐：新疆教育出版社，2006。

[德] 勒柯克著，陈海涛译：《新疆的地下文化宝藏》，乌鲁木齐：新疆人民出版社，1999。

[法] 伯希和著，耿升译：《伯希和西域探险记》，云南：云南人民出版社，2001。

[日] 上原芳太郎编：《新西域记》上下卷，东京：有光社，1936。

[日] 大谷光瑞著，章莹译：《丝路探险记》，乌鲁木齐：新疆人民出版社，1998。

[日] 香川默识编：《西域考古图谱》上下卷，北京：学苑出版社，1999（1915 初版）。

[日] 宫治昭著，李萍、张清涛译：《涅槃和弥勒的图像学》，北京：文物出版社，2009。

（二）论文

丁娟：《库木吐喇之精华——新 1 号窟》，载《新疆文物》，2（2005），页 96-97。

马世长：《库木吐拉的汉风洞窟》，载《中国石窟库·库木吐喇石窟》，北京：文物出版社 1992，页 663-690。

李雨濛：《试析克孜尔石窟壁画菱形格形式的起源》，载《西域研究》，4（2012），页 126-134。

李瑞哲：《小乘佛教根本说一切有部经律在克孜尔石窟壁画中的反映》，载《敦煌学辑刊》，

1（2006），页 99-106。

廖旸：《克孜尔石窟壁画分期与年代问题研究》，载《龟兹学研究》，2006，页 248-295。

霍旭初：《丹青斑驳千秋壮观——克孜尔石窟壁画艺术及分期概述》，载《龟兹文化研究》，乌鲁木齐：新疆人民出版社，2006，页 59-63。

霍旭初：《鸠摩罗什大乘思想的发展及其对龟兹石窟的影响》，载《敦煌研究》，3（1997），页 49-58。

金维诺：《龟兹艺术的风格与成就》，载《西域研究》，3（1997），页 1-9。

苗利辉：《龟兹佛教净土艺术——以龟兹石窟为中心》，载《华林国际佛学学刊》卷 1，2（2018），页 79-104。

何志国：《克孜尔石窟中心柱及源流献疑》，载《艺术考古》，6（2020），页 100-112。

王芳：《试论龟兹石窟第二种画风洞窟券顶壁画的禅观意涵——从克孜尔 171 窟、110 窟与森木塞姆 48 窟出发》，载《中华佛学研究》，18（2017），页 83-112。

贾伟加：《克孜尔石窟第 77 窟调查简报》，载《吐鲁番学研究》，1（2020），页 107-113。

晁华山：《二十世纪德人对克孜尔石窟的考察及而后的研究》，载《中国石窟·克孜尔石窟》，北京：文物出版社，1997。

王宇、固一民、孙慧珍：《旅顺博物馆藏大谷考察队文物》，载《文物天地》，5（1991），页 41-43。

王志兴：《从敷彩、用线、造型和布局看克孜尔石窟的壁画风格》，载《新疆师范大学学报》，2（2006），页 37-41。

王征：《克孜尔石窟壁画的制作过程和表现形式》，载《敦煌研究》，4（2001），页 35-39。

王征：《龟兹石窟中心柱窟和大像窟塑像布局与壁画风格类型的比较》，载《敦煌研究》，2（2007），页 27-33。

王征：《龟兹石窟塑像》，载《美术》，4（2005），页 112-115。

王磊：《龟兹佛教艺术与中原文化》，载《美与时代》，5（2004），页 20-21。

吕明明：《谈克孜尔第 77 窟壁画的艺术风格》，载敦煌研究院编：《2004 年石窟研究国际学术会议论文集》下册，上海：上海古籍出版社，2006，页 1061-1067。

朱英荣：《论龟兹石窟中的伊朗文化》，载《龟兹文化研究》，乌鲁木齐：新疆人民出版社，1987，页 512-519。

朱英荣：《新疆克孜尔千佛洞分期问题浅探》，载《新疆大学学报》，2（1983），页 30-46。

许宛音：《克孜尔新 1 窟试论》，载《文物》，4（1984），页 4-13。

李铁：《汉刘平国治关刻石小考》，载《社会科学战线》，4（1979），页204-206。

李翎：《从鬼子母图像的流变看佛教的东传——以龟兹地区为中心》，载《美苑》，4（2008），页87-91。

杨波、苗利辉：《龟兹石窟涅盘造像与说一切有部之关系》，载《新疆艺术学院学报》，2（2012），页22-27。

吴涛：《略述森木塞姆石窟的洞窟形制壁画题材与布局》，载《西域研究》，2（2003），页71-80。

吴焯：《从考古遗存看佛教传入西域的时间》，载《敦煌学辑刊》，2（1985），页62-72。

吴焯：《库木吐拉石窟壁画的风格演变与古代龟兹的历史兴衰》，载《龟兹佛教文化论集》，乌鲁木齐：新疆美术摄影出版社，1993，页332-355。

余太山：《汉晋正史〈西域传〉所见西域诸国的地望》，载《欧亚学刊》2（2000），页37-72。

龟兹石窟研究所：《库木吐喇石窟第34窟调查报告》，载《新疆文物》，2（2005），页38-48。

龟兹石窟研究所：《库木吐喇石窟第79窟调查报告》，载《新疆文物》，2（2005），页49-55。

龟兹石窟研究所：《库木吐喇石窟题记、题刻和榜题的调查与初步整理》，载《新疆文物》，2（2005），页56-61。

张素琴：《龟兹石窟中的道教因素》，载《北京舞蹈学院学报》，4（2005），页54-57。

陆离：《敦煌、新疆等地吐蕃时期石窟中着虎皮衣饰神抵、武士图像及雕塑研究》，载《敦煌学辑刊》，3（2005），页110-121。

武伯伦：《新疆天山以南的文物调查》，载《文物参考资料》10（1954），页74-88。

林梅村：《勒柯克在吐鲁番和龟兹等地的三次考察》，载《文物天地》，2（1988），页42-43。

季羡林：《中印文化关系史论丛·序》，载《中印文化关系史论文集》，北京：三联，1982。页113-114。

金维诺：《龟兹艺术的风格与成就》，载《西域研究》，3（1993），页1-9.

周巩平：《龟兹佛教造像的艺术风格与成就》，载《上海艺术家》，1（2007），页68-74。

姚士宏：《关于阿奢理贰伽蓝故址问题》，载《敦煌研究》，1（1996），页32-34。

姚士宏：《克孜尔石窟壁画上的梵天形象》，载《敦煌研究》，1（1989），页35-37。

姚律：《克孜尔石窟69窟一个反映小乘有部"逢事诸佛"的中心柱窟》，载《新疆艺术学院学报》，2（2010），页19-23。

耿升：《伯希和西域探险团对库车地区的考察及所获汉文文书》，载《西北第二民族学院学报》，6（2008），页 5-13。

耿剑：《克孜尔佛传遗迹与犍陀罗关系探讨》，载《南京艺术学院学报》，5（2008），页 40-44。

贾应逸：《克孜尔第 114 窟探析》，载《新疆师范大学学报》，4（2006），页 5-10。

晁华山：《二十世纪初德国对克孜尔石窟的考察及后来研究》，载《中国石窟·克尔石窟》（三），北京：文物出版社，1997，页 196-213。

晁华山：《库木吐喇初探》，载《中国石窟·库木吐喇石窟》，北京：文物出版社，1992，页 170-202。

徐辉：《净域里的世间风貌——龟兹石窟壁画供养人初识》，载《新疆艺术》，3（1998），页 36-40。

殷弘承：《克孜尔石窟壁画护法神形象中多头、多臂现象初探》，载《新疆地方志》，1（2006），页 37-40。

阎文儒：《龟兹境内汉人开凿汉僧住持最多的一处石窟——库木吐拉》，载《现代佛学》，4（1962），页 24-29。

宿白：《克孜尔部分石窟阶段划分与年代等问题的初步探索》，载《中国石窟·克孜尔石窟》（一），北京：文物出版社，1989，页 10-23。

彭杰：《日本大谷探险队所获汉文佛典与龟兹汉风壁画》，载《西域研究》，3（2008），页 59-68。

彭杰：《龟兹佛教造像法述略》，载《新疆文物》，2（2005），页 87-89。

彭杰：《库车克孜尔尕哈石窟壁画中的地神》，载《西域研究》，3（2007），页 64-72。

满盈盈：《龟兹石窟波斯艺术元素与中外文化交流考论》，载《新疆师范大学学报》，3（2012），页 53-58。

霍旭初：《克孜尔石窟年代研究和碳十四测定数据的应用》，载《西域研究》，4（2006），页 43-53。

霍旭初：《克孜尔石窟故事壁画与龟兹本土文化》，载《新疆师范大学学报》，4（2005），页 62-66。

霍旭初：《龟兹金刚力士图像研究》，载《敦煌研究》，3（2005），页 1-7。

魏小杰：《克孜尔石窟壁画艺术中的外来因素》，载《艺术教育》，6（2005），页 32-33。

[日]入泽崇撰：《禅定僧近来日本学者对克孜尔石窟图像的研究》，苗利辉译，载《新疆师范大学学报》，2（2005），页 98-101。

[日]上野照夫：《克孜尔千佛洞佛教美术中的印度式风格》，载张元林译《敦煌研究》，2（1992），页 30-37。

[日]中川原育子：《关于龟兹供养人像的考察（下）——以克孜尔供养人像为中心展开》，载彭杰译《新疆师范大学学报》4（2009），页113-122。

[日]中川原育子：《关于龟兹供养人像的考察（上）》，载彭杰译，载《新疆师范大学学报》1（2009），页101-109。

[日]田边胜见：《犍陀罗佛和菩萨像起源于伊朗》，台建群译，载《敦煌研究》，3（1989），页101-110。

[日]筱原典生：《图木舒克佛教故事图考》，载《西域研究》，3（2008），页77-83。

（三）学位论文

丁明夷：《克孜尔千佛洞壁画的研究——五至八世纪龟兹佛教、佛教艺术初探》，中国社科院研究生学位论文，1981。

王雪梅：《古代印度弥勒信仰研究》，西北大学博士学位论文，2010。

尹星：《克孜尔大像窟中伎乐图像研究》，南京艺术学院硕士学位论文，2011。

李正晓：《中国内地早期佛教造像研究》，中国社会科学院研究生院博士学位论文，2002。

宋玉波：《佛教中国化历程研究》，西北大学博士学位论文，2004。

钟健：《克孜尔石窟壁画之本土化装饰特征研究》，兰州大学高等学校教师硕士学位论文，2008。

高金玉：《克孜尔石窟的本生壁画研究》，南京艺术学院硕士学位论文，2004。

彭杰：《新疆龟兹石窟壁画中的多元文化研究》，新疆大学硕士学位论文，2003。

董立军：《中国古代造像史纲》，中国艺术研究院博士学位论文，2005。

廖旸：《克孜尔石窟壁画分期与年代问题研究》，中央美术学院博士学位论文，2001。

谭平山：《克孜尔中心柱窟的图像构成》，四川大学博士学位论文，2000。

樊翔：《大月氏与佛教东传》，兰州大学硕士学位论文，2007。

魏正中(Vignato，Giuseppe)：《克孜尔洞窟组合调查与研究——对龟兹佛教的新探索》，北京大学博士学位论文，2004。

二、西文文献

(1) On Kucha, Qizil

Chao Huashan, Simone Gaulier, Monique Mailard and George Pinault. 1987. *Sites Divers de la région de Koutcha. Épigraphie Koutchéenne* (Mission Paul Pelliot Ⅷ). Paris: Collège de France.

Ghose, Rajeshwari. 2008. *Kizil-On the Silk Road: Cross Roads of Commerce and Meeting of Minds*. Mumbai: Marg Publications.

Ghose, Rajeshwari. 2000. *The Parinirvana Cycle of Myths and their Representation in Kizil.*

Grünwedel, Albert. 1912. *Altbuddhistische Kultstätten in Chinesisch-Turkistan: Bericht über Archäologische Arbeiten von 1906 bis 1907 bei Kuca, Qarashar und in der Oase Turfan.* Berlin:Georg Reimer.

Hiyama Satomi. 2010. "The Wall Paintings of Kizil Cave 118—a story of King Mandhatar and the Early Buddhism of Kuča." In *Journal of the Turfan Studies—The Origins and Migration of Eurasian Nomadic Peoples*, ed. by Tulufanxue janjiu, 893-901. Shanghai: Shanghai Guji chubanshe.

Howard, Angela F. 1991. "In Support of a New Chronology for the Kizil Mural Painting." *Archives of Asian Art* 44: 68-83.

Howard, Angela Falco. 2007. "Miracles and Visions among the Monastic Communities of Kuča, Xinjiang." *Journal of Inner Asian Art and Archaeology* 2: 77-88.

Huo Xuchu. 2008. "Legendary, Historical and Canonical Personae in the Murals of Kizil." In *Kizil on the Silk Road, Crossroads of Commerce and Meting of Minds*, ed. by Rajeswari Ghose, 106-115. Mumbai: Marg Publications.

Karetzky, Patricia E. 2000. "Sarvāstivādin Buddhists and Scenes of the Life of the Buddha from Qizil (Xinjiang)." *Oriental Art* 46/1: 48-58.

Klimburg, Maximilian. 1974. "Die Entwicklung des 2. indo-iranischen Stils von Kucha." Diss. Universität Wien, 1969. *Sprache, Geschichte und Kultur Altaischen Völker*. Protokollband der XII. Tagung der Permanent International Altaistic Conference 1969 in Berlin. Schriften zur Geschichte und Kultur des Alten Orients. 5, hrsg. von G. Hazai und P. Zieme. Berlin.

Lesbre, Emmanuelle. 2001. "An Attempt to identify and Classify Scenes with a Central Buddha depicted on Ceilings of the Kyzil Caves (Former Kingdom of Kutcha, Central Asia)." *Artibus Asia* 61/2: 305-351.

Li Chongfeng. 2010. "Maitreya in the Chetiyagharas at Kizil, Kuča." Paper presented at the Gandharan Cultural Heritage Conference, Islamabad, December 1-3.

Li Chongfeng. 2010. "Representation of Buddha's Parinirvana in Chetiyaghara at Kizil, Kucha." In *Proceedings of the Buddhist Narrative in Asia and Beyond held in Honor of HRH Princess Maha Chakri Sirindhorn on her 55th Birthday*. Bangkok: Chulalongkorn University.

Liu, Mau-Tsai. 1969. *Kutscha und seine Beziehungen zu China*. Vom 2. Jh. V. bis zum 6. Jh. N. Chr. 2 Bde. Asiatische Forschungen BD. 27. Wiesbaden: Otto Harrassowitz.

Maillard, Monique. 1983, *Grottes et Monuments d'Asie Centrale suivi d'un Tableau de Concordance des Grottes de la Region de Kutcha*. Paris.

Miao Lihui. 2008. "The Ceiling Murals of Qizil as a Symbol of the Buddhist Universe." In *Kizil on the Silk Road, Crossroads of Commerce and Meting of Minds*, ed. by Rajeswari Ghose,

85-93. Mumbai: Marg Publications.

Nagai, Evelyn H. 1984. *Iconographic Innovations in Kuchean Buddhist Art*. Diss. Berkeley 1977; Ann Arbor, Michigan: University Microfilms.

Pelliot, Mission Paul. 1967. *Koutcha Ⅲ : Planches, Douldour-Âqour et Soubachi*. Paris. (Ⅳ : Texte, 1982).

Schmidt, Klaus T. 2010. "Die Entzifferung der westtocharischen Überschrif-ten zu einem Bilderzyklus des Buddhalebens in der Treppen höhle (Höhle 110) in Qizil." In *From Turfarn to Ajanta: Festschrift for Dieter Schlingloff on the Occasion of His Eightieth Birthday* Vo1. Ⅱ . Edited by Eli Franco and Monika Zin. 835-866. Lumbini: Lumbini: International Research Institute.

Trombert, Éric, with the collaboration of Ikeda On and Zhang Guangda. 2000. *Le manuscrits chinoia de Koutcha. Ds Pelliot de la Bibliotèque Nationale de France*. Paris: Institut des Hautes Études Chinoises de France.

Ulf, Jäger. 2008. "Tutuka the Painter: Self-portrait and Social Rank of Tokharian Buddhist Painters at Kucha." 中山大学艺术史研究中心编 :《艺术史研究》10. (广州 : 中山大学出版社).

Vignato, Giuseppe (魏正中). 2006. "Archaeological Survey of Kizil: Its Groups of Caves, Districts, Chronology and Buddhist Schools." *East and West* 56/4: 1-58.

Vignato, Giuseppe. 2005. "Qizil: Characteristics and Development of the Groups of Caves in Western Gu Xi." *Annali dell'Università degli Studi di Napoli "L'Orientale"* 65: 121-140.

Vignato, Giuseppe. 2005. "The Wooden Architecture of the Kizil Caves." *Journal of Inner Asian Art and Archaeology* 1: 11-27.

Waldschmidt, E. 1925. *Gandhāra, Kutscha, Turfan: Eine Einführung in die Frühmittelaterliche Kunst Zentralasiens*. Leipzig, Klinkhardt & Biermann.

Walter, Mariko Namba. 1998. "Tokharian Buddhism in Kucha: Buddhism of IndoEuropean Centum Speakers in Chinese Turkestan before the 10th Century C.E." *Sino-Platonic Papers*, No. 85.

Yaldiz, Marianne. 1992. "On the Interpretation of a Buddhist Mural from Qizil Chinese Central Asia." In *Eastern Approaches: Essays on Asian Art and Archaeology*. Edited by T.S. Maxwell. Delhi: Oxford University Press, Bombay Calcutta Madras.

Yaldiz, Marianne. 2004. "Once again: The Chronology of Earliest Caves in the Kucha Region, Xinjiang." Beijing Forum 2004. Cultural Intercourse of Ancient East Asia Organizing Committee, ed. Collection of papers and Abstracts on Archaeology, unpublished, 114-124.

Yaldiz, Marianne. 1999-2000. "One of Xinjiang's Mysteries: Cave 123 in Kizil, the Cave with the Ring-bearing Doves." In *Silk Road Art and Archaeology: Papers in Honor of Francine*

Tissot, ed. by Errington Elizabeth and Osmund Bopearachchi, 245-252. Kamakura: Institute of Silk Road Studies.

Yaldiz, Marioanne. "Evaluation of the Chronology of the Murals in Kizil, Kucha Oasis." In *From Turfan to Ajanta. Festschrift for Dieter Schlingloff on the Occasion of his eightieth Birthday*, 2 vols., ed. by Franco Eli and Monika Zin, vol. 2 ,1031-1043.

Zhu Tianshu. 2003. "The Sun God and the Wind God at Qizil." In *Ēran and Anērān, Transoxiana Webfestschrift Series I, Webfestschrift Marshak*, ed. by Matteo Compareti, Pianroberto Scarcia. http://www.transoxiana.org/Eran/.

Zhu, Tianshu. 2003. "The Sun God and the Wind Deity at Kizil." In Matteo Compareti, Paola Raffetta & Gianroberto Scarcia (eds.), *Paffin É ran ud Anērān, Webfestschrift Marshak Studies presented to Boris Ilich Marshak on Occasion of His 70th Birthday*. 681-718. Buenos Aires: Transoxiana.

Zin, Monika. 2011. "The Identification of Kizil Paintings V (9. The painted dome from Simsim and its narrative programme, 10. Elapatra). " *IndoAsiatische Zeitschrift*, Nr. 15 (Berlin).

Zin, Monika. 2010. "The Identification of Kizil Painting IV ." *Indo-Asiatische Zeitschrift* 14: 22-30.

Zin, Monika. 2007. "The Identification of Kizil Paintings I (3. Sudāya, 4. Bṛhaddyuti)." *Indo-Asiatische Zeitschrift*, Nr. 11 (Berlin).

Zin, Monika. 2005. "The Identification of Kizil Paintings II (1. Yaśa, 2. Mākandika)." *Indo-Asiatische Zeitschrift*, Nr. 9 (Berlin).

Zin, Monika. 2008. "The Identification of Kizil Paintings III (5. Kalamacchedya, 6. Sundarika-Bhāradvāja)." *IndoAsiatische Zeitschrift*, Nr. 12.

Zin, Monika. 2010. "The Identification of Kizil Paintings IV (7. Kapila, 8. The Promise of the Four Kings)." *IndoAsiatische Zeitschrift*, Nr. 14.

(2) On Gandhara

Härtel, Herbert. 1957. *Turfan und Gandhara, Eröffnung neuer Schauräume im Völkerkundemuseum*, Berliner Museen, Heft 2, Januar 1957, Berlin.

Huntington, John C. 1980. "A Gandharan Image of Amitayus Sukhavati." *Annali dell'Istituto Orientale di Napoli* 40: 652-672.

Luczanits, Christian. 2005. "The Bodhisattva with the Flask in Gandhara Narrative Scenes. In momorian Maurizio Taddei." *East and West* 55 nos. 1-4: 163-188.

Rhi Juhyung. 2006. "Bodhisattvas in Gandharan Art. An Aspect of Mahayana in Gandharan Buddhism." In *Gandharan Buddhism: Archaeology, Art, and Texts*, ed. by Pia Brancaccio and Kurt Behrendt, 151-182. Vancouver and Toronto: University of British Columbia Press.

Rhi Juhyung. 2005. "Images, Relics, and Jewels. The Assimilation of Images in the Buddhist Relic Cult of Gandhara – or Vice Versa." *Artibus Asiae* 65/2: 169-211.

Rowland, B. 1960. *Gandhara Sculptures from Pakistan Museum*. New York: The Asia Society.

Salomon, Richard. 2006. "New Manuscript Sources for the Study of Gandharan Buddhism." In *Gandharan Buddhism: Archaeology, Art, and Texts*, ed. by Pia Brancaccio and Kurt Behrendt, 135-147. Vancouver and Toronto: University of British Columbia Press.

Zwalf, W. 1996. *A Catalogue of the Gandhara Sculpture in the British Museum*. 2 vol. London.

(3) General

Dehejia, Vidya. 1991. "Aniconism and the Multivalence of Emblems." *Ars Orientalis* 21: 45-66.

Eliot, Sir Charles. 1962. *Hinduism and Buddhism: An Historical Sketch*. London: Routledge & Kegan Paul, vol. 1 xxxi (6: New Forms of Buddhism).

Flood, Gavin. 2013. *The Truth Within: A History of Inwardness in Christianity, Hinduism, and Buddhism*. Oxford: Oxford University Press.

Grünwedel, Albert. 1909. *Die Archäologische Ergebnisse der Dritten Turfan Expedition*, Zeitschrift für Ethnologie. Berlin.

Hambis, Louis. 1967. *Douldour-Aqour et Soubachi: Planches* (Mission Paul Pelliot Ⅲ). Paris: Librairie A. Missionneuve.

Hartel, Herbert. 1982. *Along the Ancient Silk Routes. Central Asian Art from the West Berlin State Museums*. New York: The Metropolitan Museum of Art.

Howard, Angela F. 1996. "Buddhist Cave Sculpture of the Northern Qi Dynasty: Shaping a New Style Formulating New Iconographies." *Archives of Asian Art* 49/1: 6-25.

Howard, Angela F. 2010. "Rethinking the Cosmological Buddha." In *From Turfan to Ajanta: Festschrift for Dieter Schlingloff on the Occasion of His Eightieth Birthday*. Vol. I. Edited by Eli Franco and Monika Zin. 399-412. Lumbini: Lumbini International Research Institute.

Howard, Angela F. 1998. "The Development of Buddhist Sculpture in Sichuan: The Making of an Indigenous Art" and "The Development of Buddhist Sculpture in Yunnan: Syncretic Art of a Frontier Kingdom." In Janet Baker (ed.), *The Flowering of a Foreign Faith: New Studies in Chinese Buddhist Art*. Mumbai: Marg Publications, 118-145 and 134-145.

Howard, Angela F. 1986. "The Imagery of Cosmological Buddha." *Studies in South Asian Culture*, vol. 13. Leiden: E.J. Brill.

Howard, Angela Falco. 2010. "Rethinking the Cosmological Buddha." In *From Turfan to Ajanta. Festschrift for Dieter Schlingloff on the Occasion of his Eightieth Birthday,* 2 vols., ed. by Eli Franco and Monika Zin, vol. 1: 399-412. Lumbini: Lumbini International Research Institute.

Howard, Angela Falco. 1986. *The Imagery of the Cosmological Buddha*. Leiden: Brill.

Huntington, Susan. 1990. "Early Buddhist Art and the Theory of Aniconism." *Art Journal* 49/4: 401-408.

Huntington, Susan. 1991. "Aniconism and the Multivalence of Emblems: Another Look." *Ars Orientalis* 22: 111-156.

Klimburg-Salter, D.E. 1982. *The Silk Route and the Diamond Path: Esoteric Buddhist Art on the Trans-Himalayan Trade Routes*. Los Angeles: UCLA Art Council, 1982.

Knox, Robert. 1992. Amarāvatī: Buddhist Sculpture from the Great Stupa. London: British Museum Press.

Le Coq, Albert von. and Waldschmidt, E. 1973. D*ie Buddhistische Spätantike in Mittelasien*. Berlin: Dietrich Reimer 1922-1933. 7 vols. rep. Verlag Sanatalt Graz-Austria.

Le Coq, Albert Von. 1928. *Buried Treasures of Chinese Turkestan: An Account of the Activities and adventures of the 2nd and 3rd German Turfan Epeditions*. London: George Allen & Unwin. Vol. I (Die Plastik 雕塑编); Vol. II (Die Maruchaeischen Miniaturen 壁画编).

Le Coq, Albert von. 1918. *Die vierte Deutsche Turfan-Expedition*. Budapest.

Liang, Mary E.D. *Along the Ancient Silk Routes: Central Asian Art from the West Berlin State Museum*. New York: Metropolitan Museum of Art.

Litvinsky, B.A. 1970. "Outline History of Buddhism in Central Asia." Calcutta: 127-129.

Marshall, Sir John. 1960. *Buddhist Art of Gandhara*. Cambridge.

Paul-David, M. et al. ed. 1961-1964. *Toumchouq*. Paris: Center de Recherche sur l'Asie Centrale et la Haute Asie,. 2 vols. *Mission Paul Pelliot: documents archéologiques publies sous les auspices de l'Academie des Inscriptions et belles-lettres*. I . II .

Pelliot, Paul. 1961, 1964. I : *Louis Hambis, Toumchouq*. Paris.

Pelliot, Paul. 1967. III : *Louis Hambis, Douldour-Aqour Et Soubachi*. Paris.

Popova, I.F. 2008. *Russian Expeditions to Central Asia at the Turn of the 20th Century*. Slavia: St. Petersburg.

Rhie, Marylin M. 1999. *Early Buddhist Art of China and Central Asia*. Vol. 1: "Later Han, Three Kingdoms and Western Chin in China and Bactria to Shanshan in Central Asia." *Handbuch der Orientalistik* (hrsg. von E. Zürcher and S.F. Teiser). 4. Abt. China. 12 Bd. Leiden-Boston-Köln: Brill.

Rhie, Marylin. 2002. *Early Buddhist Art of China and Central Asia*. 2 vols. Leiden, Boston, Köln: Brill.

Sasaguchi, Rei. 1975. *The Image of the Contemplating Bodhisattva in Chinese Buddhist Sculpture of the Sixth Century*. Ph.D. Diss., Harvard University.

Soper, Alexander Coburn. 1940-1950. "Aspects of Light Symbolism in Gandharan Sculpture." *Artibus Asiae* 3 (1949): 252-283; 4 (1949): 314-330; 1-2 (1950): 63-85.

Soper, Alexander Coburn. 1950. "Early Buddhist Attitudes toward the Art of Painting." *The Art Bulletin* 32: 147-151.

Stein, M.A. 1907. *Ancient Khotan: Detailed Report of Archaeological Explorations in Chinese Turkestan*. 2 vols. Oxford: Clarendon Press (rep. New York, 1975).

Stein, M.A. 1928. *Innermost Asia: Detailed Report of Explorations in Central Asia, Kansu and Eastern Iran*. 4 vols. Oxford: Clarendon Press (rep. New Delhi: Cosmo Publishers, 1981).

Stein, M.A. 1933. *On Ancient Central-Asian Tracks: Brief Narrative of Three Expeditions in Innermost Asia and Northwestern China*. London: Macmillan.

Stein, M.A. 1912. *Ruins of Desert Cathay: Personal Narrative of Explorations in Central Asia and Westernmost China*. 2 vols. London: Macmillan.

Stein, M.A. 1921 (1978). *The Thousand Buddhas: Ancient Buddhist Paintings from the Cave-temples of Tung-huang on the Western Frontier of China*. 3 vols. London: Bernard Quaritch (rep. Kyoto, 1978).

Stein, M.A. 1921 (1980). *Detailed Report of Explorations in Central Asia and Westernmost China*. 5 vols. Oxford: Clarendon Press (rep. Delhi, 1980).

Thompson, Ashley. 2015. "In the Absence of the Buddha: Aniconism and the Contentions of Buddhist Art History". *In A Companion to Asian Art and Architecture*, edited by Rebecca Brown and Deborah Hutton, 398-420. Chichester: Wiley Blackwell.

Verellen, Franciscus. 1995. "The Beyond Within: Grotto-Heavens (dongtian) in Taoist Ritual and Cosmology." *Cahiers d'Extrême-Asie* (8): 265-290.

Vignato, Giuseppe. 2006. "Archaeological Survey of Kizil: Its Groups of Caves, Districts, Chronology and Buddhist Schools." *East and West* 56 (4): 359-416.

Walter, Mariko N. 1997. *Kingship and Buddhism in Central Asia*. Diss. Harvard University.

Wang, Eugene. 2014. "The Shadow Image in the Cave: Discourse on Icons." In *Early Medieval China*, edited by Wendy Swartz, Robert Ford Campany, Yang Lu and Jessey Choo, 405-427. New York: Columbia University Press.

Yamabe, Nobuyoshi. 2002. "*Practice of Visualization and the Visualization Sutra:* An Examination of Mural Paintings of Visualizing Monks in Toyok, Turfan." *Pacific World: Journal of the Institute of Buddhist Studies* 4 (2002): 123-152.

Zürcher, Erik. Lore Sander, and others. 1999. *Collection of Essays 1993, Buddhism Across Boundaries—Chinese Buddhism and the Western Regions*. Foguang Cultural Enterprise Co. Ltd.

后记

　　龟兹造像标志着中国佛教雕塑发展史一个早期且关键的时段，3世纪以后寺院艺术盛行，一直延续至10世纪。在这漫长的历史进程中，龟兹艺术随丝绸之路传播，对中国雕塑的发展起到不可替代的作用。

　　2016年我们开始"新疆龟兹石窟彩塑研究"项目，同年6月来到新疆龟兹研究院，考察克孜尔、库木吐喇、克孜尔朵哈石窟寺，12月到达柏林亚洲艺术馆。在实地考察观摩中，作品所给予我们视觉上的震撼，远超文字或图版。如体积、相貌乃至于塑造的痕迹都是一种重要的体验。众多的古代遗址现在看上去仿佛穿越了时空，述说着远古的故事和人类的生活，让我们能想象到当时寺院的规模和艺术的繁荣。

　　这本书得以完成有赖各方的支持和协助，尤其是中国新疆龟兹研究院、德国柏林亚洲艺术馆和法国吉美国立亚洲博物馆。在新疆的考察和项目的后期阶段，得到龟兹研究院徐永明院长支持，还记得到达龟兹研究院那天已是傍晚六时，徐院长即安排去看新1窟和38窟。在此特别感谢申春老师一直陪同我们考察、杨波老师协助我们收集相关研究材料。在德国柏林亚洲艺术馆的考察，得到中亚艺术部负责人毕丽兰博士（Lilla Russell-Smith）的安排，观摩了藏在馆内出土于克孜尔、库木吐喇石窟寺院和图木舒克佛寺等地的藏品。

　　本书能够顺利面世，有赖澳门大学对项目的支持，感谢张庆元教授（Timothy Teo）在项目申请给予的支持。还要感谢北京大学向勇教授和香港中文大学陈炜舜教授，为本书出版资助给予推荐。最后我们要特别感谢香港大学比较文学系前系主任黄德伟教授，就本书的图片选取与说明部分，给予专业的学术建议与技术支持。他严谨的治学态度和学术研究的高度一直影响着我们，尤其是他在选择恰当的英语表达时，那为求准确，一丝不苟的态度，更是值得后世所学习。

图书在版编目（CIP）数据

丝绸之路艺术 ：龟兹造像 / 张泽珣，黄君樽著. --
杭州 ：浙江大学出版社，2022.9（2023.1重印）
ISBN 978-7-308-22289-1

Ⅰ. ①丝… Ⅱ. ①张… ②黄… Ⅲ. ①龟兹－石窟－
壁画 Ⅳ. ①K879.412

中国版本图书馆CIP数据核字(2022)第016382号

丝绸之路艺术：龟兹造像

张泽珣 黄君樽　著

责任编辑	殷　尧	
责任校对	李瑞雪	
封面设计	云水文化	
出版发行	浙江大学出版社	
	（杭州市天目山路148号　　邮政编码　310007）	
	（网址：http://www.zjupress.com）	
排　　版	云水文化	
印　　刷	浙江海虹彩色印务有限公司	
开　　本	787mm×1092mm　1/16	
印　　张	12.5	
字　　数	211千	
版 印 次	2022年9月第1版　2023年1月第2次印刷	
书　　号	ISBN 978-7-308-22289-1	
定　　价	198.00元	

版权所有　翻印必究　　印装差错　负责调换

浙江大学出版社市场运营中心联系方式：0571-88925591；http://zjdxcbs.tmall.com